dtv

Schriftsteller schreiben über Schriftsteller – dabei kommt natürlich kein trockener Lexikonartikel heraus, sondern genaue, charakteristische Darstellungen ohne den Anspruch, objektiv zu sein.

Mal ironisch, fast ein wenig boshaft, mal voller Bewunderung und Verehrung werden die Künstler beschrieben. Ob in einer Episode oder Anekdote, ob in einem pointierten Lebensabriss – immer hat man sie lebendig vor Augen. Und immer schimmert auch die Person des Portraitisten mit hindurch. Der «homme de lettres» ist also in jedem dieser zehn kleinen Portraits doppelt vorhanden, als Schreibender und als Beschriebener, links im französischen Original, rechts in deutscher Übersetzung.

Gens de lettres
Begegnungen mit großen Franzosen

Auswahl von Martine Passelaigue
Übersetzung von Marlies Müller-Bek

Deutscher Taschenbuch Verlag

dtv zweisprachig · Edition Langewiesche-Brandt
herausgegeben von Kristof Wachinger

Deutsche Erstausgabe · Neuübersetzung
1. Auflage Februar 2001
© Deutscher Taschenbuch Verlag GmbH & Co. KG, München
www.dtv.de
Umschlagkonzept: Balk & Brumshagen
Umschlagbild: Ausschnitt aus dem Gemälde « La visite » (1887)
von Félix Vallotton (1865–1925)
Satz: Greiner & Reichel, Köln
Druck und Bindung: Kösel, Kempten
Gedruckt auf säurefreiem, chlorfrei gebleichtem Papier
ISBN 3-423-09404-4. Printed in Germany

Charles Augustin Sainte-Beuve
De la critique

J'ai toujours pensé qu'il faut prendre dans l'écritoire de chaque auteur l'encre dont on veut le peindre.

La critique est pour moi une métamorphose : je tâche de disparaître dans le personnage que je reproduis. Je me fais à lui, même par le style, j'emprunte et je revêts sa diction.

Il n'y a qu'une manière de bien comprendre les hommes, c'est de ne point se hâter en les jugeant, c'est de vivre auprès d'eux, de les laisser s'expliquer, se développer jour par jour, et se peindre eux-mêmes en nous.

Il y a deux littératures : … une littérature officielle, écrite, conventionnelle, professée, cicéronienne, admirative ; l'autre orale, en causeries de coin de feu, anecdotique, moqueuse, irrévérente, corrigeant et souvent défaisant la première, *mourant quelquefois presque en entier avec les contemporains.*

Il me devient presque impossible d'écrire sur les principaux auteurs du temps ; j'en suis depuis longtemps à juger, non plus leurs ouvrages, mais leur personne même, et à tâcher d'en saisir le dernier mot. Ce genre d'observation touche de trop près à l'homme pour être imprimé de notre vivant.

Charles Augustin Sainte-Beuve
Über die Kritik

Ich bin immer der Ansicht gewesen, dass man die Feder ins
Tintenfass eines jeden Schriftstellers eintauchen muss, wenn
man ihn skizzieren möchte.

Kritik bedeutet für mich Verwandlung: ich versuche, mich in
der Person, die ich beschreibe, aufzulösen. Ich passe mich ihr
an, sogar im Stil, ich bediene mich ihrer Ausdrucksweise und
verinnerliche sie.

Es gibt nur einen Weg, die Menschen ganz zu verstehen:
man darf nicht übereilt über sie urteilen, man muss in ihrer
Nähe leben, ihnen zuhören können, sie Tag für Tag reden
lassen, damit sich einem ihr Bild einprägt.

Es gibt zwei Arten von Literatur: … die eine ist die aner-
kannte, verfasste, hergebrachte, öffentlich gelehrte, eloquente,
begeisternde; die andere äußert sich mündlich bei Plaudereien
am Kaminfeuer, sie ist anekdotisch, spöttisch, respektlos,
sie tadelt und verreißt oft die geltende Literatur, und stirbt
manchmal fast ganz mit den Zeitgenossen aus.

Es fällt mir immer schwerer, über die wichtigsten Autoren
unserer Zeit zu schreiben; seit langem bemühe ich mich, ihre
Persönlichkeit zu beurteilen, weniger ihre Werke, und sie bis
zum letzten i-Tüpfelchen zu begreifen. Eine solche Studie berührt den Menschen zu hautnah, als dass sie zu Lebzeiten
gedruckt werden könnte.

La critique pour moi (comme pour M. Joubert), c'est
le plaisir de connaître les esprits, non de les régen-
ter : un lorgnon et point de férule.

Il faut laisser certaines figures historiques comme
elles sont : à quoi sert d'aller les changer ? Quand
Bossuet se serait effectivement marié, quand la
Pucelle d'Orléans aussi, comme on l'appréhende,
n'aurait point été brûlée et aurait fini par le mariage, quel profit d'aller le soutenir et de le vouloir
prouver ? Respectons en histoire la chose jugée,
et saluons la statue. Il suffit, au pire, de savoir,
de soupçonner le vrai tout bas.

J'aime toujours à juger les écrivains d'après leur
force initiale et en les débarrassant de ce qu'ils
ont d'*acquis*.

Die Kritik gibt mir (wie Herrn Joubert) das Glücksgefühl, die Geistesgrößen zu verstehen, statt sie zu schulmeistern: durch die Brille und ohne Zuchtrute.

Gewisse Persönlichkeiten der Geschichte muss man so lassen, wie sie sind: wozu sollte man sie ändern? Wenn Bossuet tatsächlich geheiratet hätte oder wenn die Jungfrau von Orleans nicht, wie befürchtet, verbrannt worden wäre und letztlich eine Ehe geschlossen hätte, was hat man davon, Recht zu behalten oder es beweisen zu wollen? Halten wir uns in der Geschichte an das herrschende Urteil, und verneigen wir uns vor dem Denkmal! Im schlimmsten Fall genügt es, die Wahrheit hinter vorgehaltener Hand zu kennen oder zu erahnen.

Mir liegt daran, Schriftsteller nach ihrer ursprünglichen Kraft zu beurteilen, indem ich die *erworbenen* Schichten von ihnen abblättere.

François de La Rochefoucauld par lui-même

Je suis d'une taille médiocre, libre et bien proportionnée. J'ai le teint brun, mais assez uni ; le font élevé et d'une raisonnable grandeur ; les yeux noirs et épais, mais bien tournés. Je serais fort empêché à dire de quelle sorte j'ai le nez fait, car il n'est ni camus ni aquilin, ni gros ni pointu, au moins à ce que je crois. Tout ce que je sais, c'est qu'il est plutôt grand que petit, et qu'il descend un peu trop en bas. J'ai la bouche grande, et les lèvres assez rouges d'ordinaire, et ni bien ni mal taillées. J'ai les dents blanches, et passablement bien rangées. On m'a dit autrefois que j'avais un peu trop de menton : je viens de me tâter et de me regarder dans le miroir pour savoir ce qui en est, et je ne sais pas trop bien qu'en juger. Pour le tour du visage, je l'ai ou carré ou en ovale ; lequel des deux, il me serait fort difficile de le dire. J'ai les cheveux noirs, naturellement frisés, et avec cela assez épais et assez longs pour pourvoir prétendre en belle tête. J'ai quelque chose de chagrin et de fier dans la mine : cela fait croire à la plupart des gens que je suis méprisant, quoique je ne le sois point du tout. J'ai l'action fort aisée, et même un peu trop, et jusqu'à faire beaucoup de gestes en parlant. Voilà naïvement comme je pense que je suis fait au-dehors ; et l'on trouvera, je crois, que ce que je pense de moi là-dessus n'est pas fort éloigné de ce qui en est.

J'en userai avec la même fidélité dans ce qui me reste à faire de mon portrait ; car je me suis assez étudié pour me bien connaître, et je ne manque ni d'assurance pour dire librement ce que je puis avoir de bonnes qualités, ni de sincérité pour avouer franchement ce que j'ai de défauts.

François de la Rochefoucauld
Selbstporträt

Ich bin mittelgroß und habe natürliche und harmonische Körpermaße. Meine Haut ist braun, aber ziemlich gleichmäßig; meine Stirn ist hoch und verleiht mir eine angemessene Würde; die Augen sind schwarz und groß, aber gut geschnitten. Es fällt mir schwer zu sagen, was für eine Nase ich habe, denn sie ist weder platt, noch gleicht sie einem Adlerschnabel, sie ist, finde ich zumindest, weder breit noch spitz. Soviel ich weiß, ist sie eher groß als klein und ragt etwas zu weit nach unten. Mein Mund ist groß, und die Lippen sind schön rot und weder gut noch schlecht geformt. Ich habe weiße, recht ebenmäßig geformte Zähne. Früher sagte man mir, ich habe ein zu starkes Kinn: ich befühlte es gerade und schaute in den Spiegel, um zu sehen ob es stimmt, aber ich weiß nicht recht, was ich davon halten soll. Meine Gesichtsform ist entweder eckig oder oval, welches von beiden ist schwer zu sagen. Ich habe schwarzes, naturkrauses, ordentlich dichtes Haar, lang genug, dass ich als schöner Kopf gelten kann. Mein Gesichtsausdruck spiegelt Kummer und Stolz: die meisten Leute halten mich deshalb für herablassend, obwohl das gar nicht zutrifft. Ich bin ziemlich lebhaft, vielleicht sogar zu sehr, indem ich beim Sprechen viel gestikuliere. Rein äußerlich sehe ich mich so ganz unbefangen, und was ich in dieser Hinsicht über mich denke, ist wohl nicht weit von den Tatsachen entfernt.

Mit der gleichen Aufrichtigkeit möchte ich versuchen, mein Charakterbild zu zeichnen; denn ich habe mich lange genug beobachtet, um mich gut zu kennen, und es fehlt mir nicht an Selbstbewusstsein, um frei heraus zu sagen, welche guten Eigenschaften ich habe, aber auch offen meine

Premièrement, pour parler de mon humeur, je suis mélancolique, et je le suis à un point que, depuis trois ou quatre ans, à peine m'a-t-on vu rire trois ou quatre fois. J'aurais pourtant, ce me semble, une mélancolie assez supportable et assez douce, si je n'en avais point d'autre que celle qui me vient de mon tempérament; mais il m'en vient tant d'ailleurs, et ce qui m'en vient me remplit de telle sorte l'imagination et m'occupe si fort l'esprit que, la plupart du temps, ou je rêve sans dire mot, ou je n'ai presque point d'attache à ce que je dis. Je suis fort resserré avec ceux que je ne connais pas, et je ne suis pas même extrêmement ouvert avec la plupart de ceux que je connais. C'est un défaut, je le sais bien, et je ne négligerai rien pour m'en corriger; mais comme un certain air sombre que j'ai dans le visage contribue à me faire paraître encore plus réservé que je ne le suis, et qu'il n'est pas en notre pouvoir de nous défaire d'un méchant air qui nous vient de la disposition naturelle des traits, je pense qu'après m'être corrigé au-dedans, il ne laissera pas de me demeurer toujours de mauvaises marques au-dehors.

J'ai de l'esprit et je ne fais point difficulté de le dire; car à quoi bon façonner là-dessus? Tant biaiser et tant apporter d'adoucissement pour dire les avantages que l'on a, c'est, ce me semble, cacher un peu de vanité sous une modestie apparente et se servir d'une manière bien adroite pour faire croire de soi beaucoup plus de bien que l'on n'en dit. Pour moi, je suis content qu'on ne me croie ni plus beau que je me fais, ni de meilleure humeur que je me dépeins, ni plus spirituel et plus raisonnable que je dirai que je le suis. J'ai donc de l'esprit, encore une fois, mais un esprit que la mélancolie gâte; car, encore que je possède assez bien ma langue, que j'aie la mémoire assez heureuse, et que je ne pense pas les choses fort confusément, j'ai pourtant une si forte

Fehler einzugestehen. Sprechen wir zunächst von meiner Gemütsverfassung: ich bin melancholisch, und zwar so sehr, dass man mich in den vergangenen drei bis vier Jahren kaum ein paarmal hat lachen sehen. Dieser Trübsinn, der von meinem Temperament herrührt, schien mir erträglich und harmlos, wenn er nicht noch anderer Art wäre. Da strömt soviel von anderer Seite auf mich ein, beschäftigt intensiv meine Fantasie und nimmt mein Denken gefangen, dass ich die meiste Zeit vor mich hin träume oder keinen Bezug habe zu dem, was ich sage. Ich bin sehr verschlossen gegenüber Leuten, die ich nicht kenne, und nicht einmal besonders offen zu den meisten, die mir vertraut sind. Das ist ein Fehler, ich weiß es wohl und werde nichts unversucht lassen, mich zu bessern. Aber da ein gewisser finsterer Ausdruck in meinen Gesichtszügen mich noch zurückhaltender erscheinen lässt, als ich bin, und es nicht in unserer Macht steht, harte Züge, die uns eigen sind, abzulegen, befürchte ich, trotz Änderung meiner inneren Einstellung, nach außen immer noch einen schlechten Eindruck zu machen.

Ich bin geistreich und sage das ohne Umschweife. Warum sich zieren? Soviel darumherumreden und bescheiden abwehren, um die Vorzüge, die man hat, zu benennen, heißt meines Erachtens, die Eitelkeit hinter offen gezeigter Zurückhaltung etwas zu verstecken und sich auf geschickte Art in ein besseres Licht zu rücken, als man mit Worten zu erkennen gibt. Was mich betrifft, bin ich froh, dass man mich weder für schöner hält, als ich mich darstelle, noch für besser gelaunt, als ich mich zeige, oder für geistreicher und vernünftiger, als ich zu sein vorgebe. Ich verfüge, wie gesagt, über Witz, der aber durch Melancholie getrübt wird; so kann ich zwar ganz gut reden, habe ein recht gutes Gedächtnis und kann klar denken, gebe jedoch so stark meinem Kummer nach, dass ich oft ziemlich ungenau ausdrücke, was

application à mon chagrin, que souvent j'exprime assez mal ce que je veux dire. La conversation des honnêtes gens est un des plaisirs qui me touchent le plus. J'aime qu'elle soit sérieuse et que la morale en fasse la plus grande partie; cependant je sais la goûter aussi quand elle est enjouée et si je n'y dis pas beaucoup de petites choses pour rire, ce n'est pas du moins que je ne connaisse bien ce que valent les bagatelles bien dites, et que je ne trouve fort divertissante cette manière de badiner, où il y a certains esprits prompts et aisés que réussissent si bien. J'écris bien en prose, je fais bien en vers, et si j'étais sensible à la gloire qui vient de ce côté-là, je pense qu'avec peu de travail je pourrais m'acquérir assez de réputation.

J'aime la lecture en général; celle où il se trouve quelque chose qui peut façonner l'esprit et fortifier l'âme est celle que j'aime le plus. Surtout, j'ai une extrême satisfaction à lire avec une personne d'esprit; car de cette sorte on réfléchit à tous moments sur ce qu'on lit et des réflexions que l'on fait il se forme une conversation, la plus agréable du monde et la plus utile. Je juge assez bien des ouvrages de vers et de prose que l'on me montre; mais j'en dis peut-être mon sentiment avec un peu trop de liberté. Ce qu'il y a encore de mal en moi, c'est que j'ai quelquefois une délicatesse trop scrupuleuse et une critique trop sévère. Je ne hais pas à entendre disputer, et souvent aussi je me mêle assez volontiers dans la dispute, mais je soutiens d'ordinaire mon opinion avec trop de chaleur; et lorsqu'on défend un parti injuste contre moi, quelquefois, à force de me passionner pour celui de la raison, je deviens moi-même fort peu raisonnable. J'ai les sentiments vertueux, les inclinations belles, et une si forte envie d'être tout à fait honnête homme que mes amis ne me sauraient faire un plus grand plaisir que de m'avertir sincèrement des mes défauts. Ceux qui me connaissent

ich sagen möchte. Das Gespräch mit aufrichtigen Menschen gehört zu den Freuden, die mich am meisten berühren. Mir liegt daran, dass es ernsthaft geführt wird und viel Raum bietet für moralische Erwägungen. Ich genieße aber auch eine muntere Unterhaltung, und wenn ich nichts zur Erheiterung beitrage, so bedeutet das keinesfalls, dass ich gut formulierte Belanglosigkeiten nicht zu schätzen wüsste und diese Art zu scherzen, die gewisse schlagfertige und ungezwungene Gemüter so gut beherrschen, nicht vergnüglich fände. Ich schreibe gute Prosa, mache hübsche Gedichte, und wenn ich auf diesem Gebiet für Ruhm empfänglich wäre, so könnte ich mir wohl mit wenig Fleiß recht viel Ansehen verschaffen.

Ich lese eigentlich gern; am liebsten sind mir Texte, die dazu beitragen, den Geist zu bilden und die Seele zu stärken. Wenn ich gemeinsam mit einem klugen Menschen lese, bin ich hoch befriedigt, denn auf diese Weise denkt man ständig über das Gelesene nach, und aus den Überlegungen entsteht das aller angenehmste und sinnvollste Gespräch. Ich kann Gedichte und Prosawerke, die man mir vorlegt, ganz gut beurteilen; aber vielleicht äußere ich etwas zu offen, was ich davon halte. Einer meiner Fehler ist auch, dass ich manchmal übertrieben empfindlich bin und strenge Kritik übe. Ich habe nichts gegen Streitgespräche, und oft mische ich mich da gern ein, aber meistens äußere ich meine Ansichten mit zu viel Eifer; und wenn jemand eine unrechte Sache gegen mich verteidigt, setze ich mich manchmal so leidenschaftlich für die Vernunft ein, dass ich selber nicht gerade vernünftig werde. Ich hege tugendhafte Gefühle, habe Sinn für das Schöne und mir liegt so sehr daran, ein ganz und gar ehrenhafter Mensch zu sein, dass meine Freunde mir keinen größeren Gefallen erweisen können, als mich ehrlich auf meine Fehler hinzuweisen. Die-

un peu particulièrement et qui ont eu la bonté de me donner quelquefois des avis là-dessus, savent que je les ai toujours reçus avec toute la joie imaginable et toute la soumission d'esprit que l'on saurait désirer.

J'ai toutes les passions assez douces et assez réglées : on ne m'a presque jamais vu en colère et je n'ai jamais eu de haine pour personne. Je ne suis pas pourtant incapable de me venger, si l'on m'avait offensé et qu'il y allât de mon honneur à me ressentir de l'injure qu'on m'aurait faite. Au contraire, je suis assuré que le devoir ferait si bien en moi l'office de la haine, que je poursuivrais ma vengeance avec encore plus de vigueur qu'un autre.

L'ambition ne me travaille point. Je ne crains guère de choses et ne crains aucunement la mort. Je suis peu sensible à la pitié, et je voudrais ne l'y être point du tout. Cependant, il n'est rien que je ne fisse pour le soulagement d'une personne affligée ; et je crois effectivement que l'on doit tout faire, jusqu'à lui témoigner même beaucoup de compassion de son mal ; car les misérables sont si sots que cela leur fait le plus grand bien du monde ; mais je tiens aussi qu'il faut se contenter d'en témoigner et se garder soigneusement d'en avoir. C'est une passion qui n'est bonne à rien au-dedans d'une âme bien faite, qui ne sert qu'à affaiblir de cœur et qu'on doit laisser au peuple, qui n'exécutant jamais rien par raison, a besoin de passions pour le porter à faire les choses.

J'aime mes amis, et je les aime d'une façon que je ne balancerais pas un moment à sacrifier mes intérêts aux leurs. J'ai de la condescendance pour eux ; je souffre patiemment leurs mauvaises humeurs et j'en excuse facilement toutes choses ; seulement je ne leur fais pas beaucoup de caresses, et je n'ai pas non plus de gran-

jenigen, die mich etwas genauer kennen und liebenswürdigerweise dazu ihre Meinungen geäußert haben, wissen, dass ich sie immer freudig und mit der erwarteten Einsicht aufgenommen habe!

Meine Leidenschaften sind eher sanft, und ich kann mich gut beherrschen: fast nie hat man mich wütend gesehen, und ich habe niemanden gehasst. Und doch bin ich nicht unfähig zur Rache, wenn mich jemand beschimpfte und ich im Nachhinein empfände, dass es um meine Ehre ginge. Ganz im Gegenteil bin ich sicher, dass das Pflichtgefühl unweigerlich in mir Hass schüren würde, und ich mich nachdrücklicher rächen würde als jeder andere.

Ich bin nicht von Ehrgeiz geplagt. Ich fürchte mich vor nichts, auch nicht vor dem Tod. Für Mitleid bin ich wenig empfänglich und möchte mich ganz dagegen wappnen. Dagegen gibt es nichts, was ich nicht täte, um einem bedrängten Menschen zu helfen; ich glaube in der Tat, dass man alles aufbieten muss, ja sogar ihm Mitgefühl bezeugen sollte für seine Notlage; denn die Elenden sind so töricht, dass ihnen dies außerordentlich wohl tut. Ich weise darauf hin, dass man es beim Bezeugen von Mitleid belassen, jedoch sorgsam vermeiden sollte, welches zu haben. Mitleid ist eine Gefühlsregung, die einer gefestigten Seele gar nichts nützt, und nur dazu führt, die innere Stärke zu schwächen. Das muss man dem Volk überlassen, da es aus Vernunft nie etwas zustande bringt und Gefühlsregungen braucht, um Dinge voranzutreiben.

Ich liebe meine Freunde, und zwar derart, dass ich keinen Augenblick zögern würde, meine Interessen den ihren zu opfern. Ich bin entgegenkommend; ihre schlechten Launen ertrage ich geduldig und bin bereit, ihnen allerlei nachzusehen. Allerdings schmeichle ich ihnen wenig, und in ihrer Abwesenheit mache ich mir auch keine großen

des inquiétudes en leur absence. J'ai naturellement fort peu de curiosité pour la plus grande partie de tout ce qui en donne aux autres gens. Je suis fort secret et j'ai moins de difficulté que personne à taire ce qu'on m'a dit en confidence. Je suis extrêmement régulier à ma parole ; je n'y manque jamais, de quelque conséquence que puisse être ce que j'ai promis, et je m'en suis fait toute ma vie une loi indispensable.

J'ai une civilité fort exacte parmi les femmes et je ne crois pas avoir jamais rien dit devant elles qui leur ait pu faire de la peine. Quand elles ont l'esprit bien fait, j'aime mieux leur conversation que celle des hommes : on y trouve une certaine douceur qui ne se rencontre point parmi nous ; et il me semble, outre cela, qu'elles s'expliquent avec plus de netteté et qu'elles donnent un tour plus agréable aux choses qu'elles disent. Pour galant, je l'ai été un peu autrefois ; présentement je ne le suis plus, quelque jeune que je sois. J'ai renoncé aux fleurettes et je m'étonne seulement de ce qu'il y a encore tant d'honnêtes gens qui s'occupent à en débiter. J'approuve extrêmement les belles passions ; elles marquent la grandeur de l'âme, et quoique, dans les inquiétudes, qu'elles donnent, il y ait quelque chose de contraire à la sévère sagesse, elles s'accommodent si bien d'ailleurs avec la plus austère vertu que je crois qu'on ne les saurait condamner avec justice. Moi qui connais tout ce qu'il y a de délicat et de fort dans les grands sentiments de l'amour, si jamais je viens à aimer, ce sera assurément de cette sorte ; mais, de la façon dont je suis, je ne crois pas que cette connaissance que j'ai me passe jamais de l'esprit au cœur.

Sorgen. Von Natur aus bin ich kaum neugierig auf das meiste, was anderer Leute Neugierde anstachelt. Ich bin sehr verschwiegen, und es fällt mir weniger schwer als anderen, für mich zu behalten, was man mir im Vertrauen gesagt hat. Ich stehe absolut fest zu meinem Wort; davon weiche ich nicht ab, ganz gleich welche Folgen mein Versprechen hat. Dieses Gesetz gilt unverbrüchlich für mein ganzes Leben.

Mein Umgang mit den Frauen ist höflich, und ich glaube nicht, vor ihnen je etwas geäußert zu haben, das ihnen weh getan hätte. Wenn sie klug sind, ist mir ein Gespräch mit ihnen lieber als mit meinesgleichen: man findet bei ihnen eine gewisse Liebenswürdigkeit, die man unter uns Männern nicht antrifft. Außerdem scheint mir, dass sie sich klarer ausdrücken und anmutigere Redewendungen für ihre Äußerungen benützen. Früher versuchte ich mich ein wenig als Liebhaber, heute nicht mehr, so jung ich noch bin. Ich habe aufgehört, den Hof zu machen, und kann mich nur wundern, dass sich immer noch so viele ehrenwerte Männer damit befassen. Ich bejahe in hohem Maße die wahre Liebe; sie zeichnet sich durch Seelengröße aus, und obwohl sie wegen des Kummers, den sie verursacht, mit nüchternem Verstand nicht zu vereinbaren ist, verträgt sie sich doch hervorragend mit der strengen Tugend, so dass ich meine, man sollte sie gerechterweise nicht verdammen. Ich kenne alles, was es an großen Liebesgefühlen gibt; wenn es mir jemals beschieden sein sollte zu lieben, dann gewiss in diesem Sinne; aber so wie ich nun mal bin, glaube ich nicht, dass mein Wissen in diesen Dingen jemals den Weg vom Kopf zum Herzen finden wird.

Molière
par Charles Perrault

Molière naquit avec une telle inclination pour la
comédie qu'il ne fut pas possible de l'empêcher de
se faire comédien. A peine eut-il achevé ses études,
où il réussit parfaitement, qu'il se joignit avec plusieurs jeunes gens de son âge et de son goût et prit
la résolution de former une troupe de comédiens,
pour aller dans les provinces jouer la comédie. Son
père, bon bourgeois de Paris et tapissier du roi, fâ-
ché du parti que son fils avait pris, le fit solliciter
par tout ce qu'il avait d'amis de quitter cette pensée, promettant, s'il voulait revenir chez lui, de
lui acheter une charge telle qu'il la souhaiterait,
pourvu qu'elle n'excédât pas ses forces. Ni les priè-
res, ni les remontrances de ses amis, soutenues de
ces promesses, ne purent rien sur son esprit. Ce
bon père lui envoya ensuite le maître chez qui il
l'avait mis en pension pendant les premières années de ses études; espérant que, par l'autorité que
ce maître avait eue sur lui pendant ces temps-là, il
pourrait le ramener à son devoir. Mais bien loin
que le maître lui persuadât de quitter la profession
de comédien, le jeune Molière lui persuada d'embrasser la même profession, et d'être le Docteur de
leur comédie : lui ayant représenté que le peu de
latin qu'il savait le rendrait capable d'en bien faire
le personnage, et que la vie qu'ils mèneraient serait plus agréable que celle d'un homme qui tient
des pensionnaires.

    Sa troupe étant formée, il alla jouer à Rouen, et

Molière
von Charles Perrault

Molière war die Neigung zum Komödiantischen so sehr an-
geboren, dass er unmöglich davon abzubringen war, Schauspieler zu werden. Kaum hatte er sein Studium, und zwar
mit vollem Erfolg, abgeschlossen, tat er sich mit jungen
Leuten seines Alters und seiner Lebensart zusammen in der
Absicht, eine Theatertruppe zu bilden, um durch die Lande
zu tingeln. Sein Vater, gut situierter Bürger von Paris und
königlicher Hoftapezierer, ärgerte sich über die Richtung, die
sein Sohn eingeschlagen hatte, und mobilisierte seinen ganzen Freundeskreis, um zu versuchen, ihn von dem Gedanken
abzubringen. Wenn der Sohn bereit wäre, zu ihm zurückzu-
kehren, versprach er, ihm nach seinen Wünschen ein Amt zu
kaufen, soweit es nicht seine Mittel überstieg. Weder Bitten
noch Vorhaltungen von Seiten seiner Freunde, unterstützt
durch die väterlichen Versprechungen, konnten etwas aus-
richten gegen seine Gesinnung. Schließlich schickte ihm dieser gütige Vater den Lehrer, bei dem der Sohn in den ersten
Schuljahren gelernt hatte, in der Hoffnung, diesem Lehr-
meister könnte es durch den Einfluss, den er in jener Zeit
auf ihn gehabt hatte, gelingen, ihn zu seinen Pflichten zu-
rückzubringen. Aber statt dass der Lehrer ihn davon über-
zeugte, die Schauspielerei an den Nagel zu hängen, veran-
lasste ihn der junge Molière, den gleichen Beruf zu ergreifen
und Leiter seines Theaters zu werden; er machte ihm klar,
dass schon seine geringen Lateinkenntnisse genügten, um
diese Funktion zu übernehmen, und dass das Leben, das sie
führen würden, angenehmer wäre als das eines Mannes, der
Internatsschüler unterrichtet.
    Als seine Theatertruppe stand, spielte er in Rouen, danach

de là à Lyon, où, ayant plu au prince de Conti, qui, jeune alors, et non encore dans les sentiments de piété qui l'ont porté à écrire si solidement et si chrétiennement contre la comédie, les prit pour ses comédiens et leur donna des appointements. De là ils vinrent à Paris, où ils jouèrent devant le roi et toute la cour. Il est vrai que la troupe ne réussit pas cette première fois; mais Molière fit un compliment au roi si spirituel, si délicat et si bien tourné, et joua si bien son rôle dans la petite comédie qu'il donna ensuite de la grande, qu'il emporta tous les suffrages et obtint la permission de jouer à Paris. Il satisfit fort le public, surtout par les pièces de sa composition qui, étant d'un genre tout nouveau, attirèrent une grande affluence des spectateurs.

Jusque-là il y avait eu de l'esprit et de la plaisanterie dans nos comédies; mais il y ajouta une grande naïveté, avec des images si vives des mœurs de son siècle et des caractères si bien marqués, que les représentations semblaient moins être des comédies que la vérité même; chacun s'y reconnaissait, et plus encore son voisin, dont on est plus aise de voir les défauts que les siens propres. On y prit un plaisir singulier; et même on peut dire qu'elles furent d'une grande utilité pour bien des gens.

Molière avait remarqué que les Français avaient deux défauts bien considérables: l'un, que presque tous les jeunes gens avaient du dégoût pour la profession de leurs pères, et que ceux qui n'étaient que bourgeois voulaient vivre en gentilshommes et ne rien faire; ce qui ne manque point de les ruiner en peu de temps; et l'autre, que les femmes avaient une violente inclination à devenir, ou du moins à paraître savantes; ce qui ne s'accorde point avec l'esprit du

in Lyon, wo der Prinz von Conti Gefallen an ihm fand, der in jungen Jahren noch nicht in jene Frömmelei verfallen war, in der er später so vehement und aus christlicher Überzeugung gegen das Theater schrieb, und Molière und seine Schauspieler engagierte und entlohnte. Von dort gingen sie nach Paris, wo sie vor dem König und dem ganzen Hof auftraten. Zwar hatte die Truppe bei dieser ersten Aufführung keinen Erfolg, aber Molière hielt vor dem König eine so geistreiche, einfühlsame, gut formulierte Ansprache und spielte seine Rolle in einer kleinen Komödie, die nach der großen gegeben wurde, so gut, dass er von allen Seiten Beifall erntete und die Erlaubnis erhielt, in Paris zu spielen. Er kam ausgezeichnet beim Publikum an, vor allem mit den selbstgeschriebenen Stücken, die durch ihre ganz neue Art scharenweise die Zuschauer anlockten.

Bis dahin gab es in unseren Komödien Witz und vergnügliche Anspielungen. Molière verlieh den Figuren jedoch eine so große Unbefangenheit und zeichnete ein so treffendes Abbild der Sitten seiner Zeit und so ausgeprägte Charaktertypen, dass die Aufführungen mehr dem wahren Leben als Komödien glichen. Jeder erkannte sich selbst, mehr noch seinen Nachbarn, dessen Fehler man eher wahrzunehmen geneigt ist, als die eigenen. Das machte ausgesprochen Spaß; man kann sogar sagen, dass die Stücke für viele Leute sehr lehrreich waren.

Molière hatte an den Franzosen zwei schwerwiegende Fehler beobachtet: zum einen hatten fast alle jungen Männer eine Abneigung gegen den Beruf ihres Vaters, und diejenigen, die nur bürgerlich waren, wollten wie Adelige leben und nichts tun, was unweigerlich nach kurzer Zeit ins Verderben führt; zum anderen hatten die Frauen ein starkes Bedürfnis, Gelehrsamkeit zu erlangen oder zumindest sich den Anschein zu geben; das aber ist nicht vereinbar mit hauswirtschaftlichem Denken, was wiederum uner-

ménage, si nécessaire pour conserver le bien dans les familles. Il s'attacha à jeter du ridicule sur ces deux vices; ce qui a eu un effet beaucoup au-delà de tout ce qu'on pouvait en espérer. Il composa deux pièces contre le premier de ces désordres, dont l'une est intitulée *Le Bourgeois gentilhomme*, et l'autre, *Le Marquis de Pourceaugnac.* Il y a apparence que les jeunes gens en profitèrent; du moins s'aperçut-on que les airs outrés de cavalier qu'ils se donnaient diminuèrent à vue d'œil. Contre le défaut qui regarde les femmes, il fit aussi deux comédies, l'une intitulée *Les Précieuses ridicules*, et l'autre *Les Femmes savantes.* Ces comédies firent tant de honte aux dames qui se piquaient trop de bel esprit que toute la nation de Précieuses s'éteignit en moins de quinze jours; ou du moins elles se déguisèrent si bien là-dessus qu'on n'en trouva plus ni à la cour, ni à la ville; et même depuis ce temps-là elles ont été plus en garde contre la réputation de savantes et de précieuses, que contre celles de galantes et de déréglées.

Il fit aussi deux comédies contre les hypocrites et les faux dévots; savoir, *Le festin de pierre*, pièce imitée sur celle des Italiens du même nom; et *Le Tartuffe*, de son invention. Cette pièce lui fit des affaires, parce qu'on en faisait des applications à des personnes de grande considération; et aussi parce qu'on prétendit que la vertu et le vice en cette matière se prenant aisément l'un pour l'autre, le ridicule touchait presque également sur tous les deux, et donnait lieu de se moquer des personnes de piété et de leurs remontrances. Cependant, après quelques obstacles qui furent levés aussitôt, il eut permission entière de la jouer publiquement.

Il attaqua encore les mauvais médecins par deux pièces fort comiques, dont l'une est *Le Médecin mal-*

lässlich ist, um in den Familien Wohlstand zu bewahren. Molière lag daran, diese beiden Laster ins Lächerliche zu ziehen. Die Wirkung ging weit über das hinaus, was man davon erhoffen konnte. Er schrieb zwei Stücke gegen den ersten dieser Missstände, das eine unter dem Titel *Der Bürger als Edelmann*, das andere *Der Graf von Pourceaugnac*. Anscheinend blieb die Wirkung auf junge Leute nicht aus, zumindest fiel auf, dass die Überheblichkeit, mit der sie aufzutreten pflegten, zusehends weniger wurde. Gegen die Schwächen der Frauen erfand er ebenfalls zwei Stücke; das eine betitelte er *Die lächerlichen Preziösen*, das andere *Die gelehrten Frauen*. Diese Komödien stellten die Damen bloß, die sich zuviel auf ihre Gelehrsamkeit einbildeten, und in weniger als zwei Wochen war die Schar der Preziösen verschwunden; oder zumindest versteckten sie sich so gut, dass man ihnen weder am Hof noch in der Stadt weiter begegnete. Ja, seither hüteten sie sich mehr davor, als gelehrt und preziös zu gelten, als im Ruf dirnenhafter oder ausschweifender Lebensweise zu stehen.

Zwei seiner Komödien richteten sich gegen Heuchler und Frömmler: nämlich *Das steinerne Fest*, einem italienischen Stück gleichen Titels folgend, und *Tartuffe*, seine eigene Schöpfung. Dieses Stück brachte ihm Scherereien, weil man Vergleiche zog mit angesehenen Persönlichkeiten, aber auch weil man der Meinung war, dass Tugend und Laster auf diesem Gebiet austauschbar sind, die Lächerlichkeit aber beide bloßstellte und Anlass gab, fromme Menschen und ihre Ermahnungen zu verspotten. Nach einigen Hindernissen, die aber rasch beseitigt waren, bekam Molière volle Erlaubnis, das Stück öffentlich zu spielen.

Mit zwei sehr spaßigen Lustspielen griff er die schlechten Ärzte an: zum einen mit *Arzt wider Willen*, zum ande-

gré lui, et l'autre *Le Malade imaginaire.* On peut dire qu'il se méprit un peu dans cette dernière pièce, et qu'il ne se contint pas dans les bornes du pouvoir de la comédie ; car, au lieu de se contenter de blâmer les mauvais médecins, il attaqua la médecine en elle-même, la traita de science frivole, et posa pour principe qu'il est ridicule à un homme d'en vouloir guérir un autre. La comédie s'est toujours moquée des rodomonts et de leurs rodomontades ; mais jamais elle n'a raillé ni les vrais braves ni la vraie bravoure : elle s'est réjouie des pédants et de la pédanterie ; mais elle n'a jamais blâmé ni les savants ni les sciences. Suivant cette règle, il n'a pu trop maltraiter les charlatans et les ignorants médecins ; mais il devait en demeurer là, et ne pas tourner en ridicule les bons médecins, que l'Ecriture même nous enjoint d'honorer. Quoi qu'il en soit, depuis les anciens poètes grecs et latins qu'il a égalés, et peut-être surpassés dans le comique, aucun autre n'a eu tant de talent ni de réputation.

Il mourut le 23 février de l'année 1673, âgé de cinquante-deux ou cinquante-trois ans. Il a ramassé en lui seul tous les talents nécessaires à un comédien. Il a été si excellent acteur pour le comique, quoique très médiocre pour le sérieux, qu'il n'a pu être imité que très imparfaitement par ceux qui ont joué son rôle après sa mort. Il a aussi entendu admirablement les habits des acteurs, en leur donnant leur véritable caractère ; et il a eu encore le don de leur distribuer si bien les personnages, et de les instruire ensuite si parfaitement, qu'ils semblaient moins des acteurs de comédie, que les vraies personnes qu'ils représentaient.

ren mit dem *Eingebildeten Kranken*. Man darf sagen, dass er sich mit letzterem Stück ein wenig irrte und über das Maß dessen hinausging, was eine gute Komödie ausmacht; denn anstatt sich damit zu begnügen, die schlechten Ärzte zu tadeln, griff er die Medizin insgesamt an, bezeichnete sie als oberflächliche Wissenschaft und stellte den Grundsatz auf, es sei lächerlich, wenn ein Mensch einen anderen heilen wolle. Die Komödie hat immer die Wichtigtuer und ihre Wichtigtuerei angeprangert, aber nie hat sie die wirklich Tüchtigen oder die wirkliche Tüchtigkeit verspottet; sie hat sich erheitert über Rechthaber und Rechthaberei, aber nie wurden Gelehrte oder die Wissenschaft bloßgestellt. Nach diesem Leitsatz konnte er die Scharlatane und Kurpfuscher gar nicht genug in die Zange nehmen, aber dabei hätte er es belassen müssen und nicht die guten Ärzte lächerlich machen, die wir schon nach der Bibel ehren sollen. Wie dem auch sei: Seit den alten Griechen und Römern, mit denen er sich als Lustspieldichter messen konnte und die er vielleicht noch übertraf, war kein anderer so begabt und berühmt.

Am 23. Februar 1673 starb er im Alter von zweiundfünfzig oder dreiundfünfzig Jahren. Er hatte in sich alle Talente vereinigt, die man für die Komödie braucht. In Lustspielrollen war er wirklich hervorragend, im Charakterfach jedoch nur mittelmäßig. So konnten diejenigen, die nach seinem Tod in seine Rollen schlüpften, ihn nur sehr unvollkommen nachahmen. Er verstand es auch wunderbar, die Schauspieler zu kostümieren und ihnen so ihren wahren Charakter zu geben; er hatte ein Gespür, die Rollen so treffend zu verteilen und danach so vollkommen Regie zu führen, dass die Darsteller nicht wie Schauspieler wirkten, sondern wie die echten Personen.

Voltaire
par Victor Hugo

François-Marie Arouet, si célèbre sous le nom de Voltaire, naquit à Chatenay le 20 février 1694, d'une famille de magistrature. Il fut élevé au collège des jésuites, où l'un de ses régents, le père Lajay, lui prédit, à ce qu'on assure, qu'il serait en France le coryphée du déisme.

A peine sorti du collège, Arouet, dont le talent s'éveillait avec toute la force et toute la naïveté de la jeunesse, trouvera d'un côté, dans son père, un inflexible contempteur, et, de l'autre, dans son parrain, l'abbé de Châteauneuf, un pervertisseur complaisant. Le père condamnait toute étude littéraire sans savoir pourquoi, et par conséquent avec une obstination insurmontable. Le parrain, qui encourageait au contraire les essais d'Arouet, aimait beaucoup les vers, surtout ceux que rehaussait une certaine saveur de licence ou d'impiété. L'un voulait emprisonner le poëte dans une étude de procureur ; l'autre égarait le jeune homme dans tous les salons. M. Arouet interdisait toute lecture à son fils ; Ninon de Lenclos léguait une bibliothèque à l'élève de son ami Châteauneuf. Ainsi le génie de Voltaire subit dès sa naissance le malheur de deux actions contraires et également funestes : l'une que tendait à étouffer violemment ce feu sacré qu'on ne peut éteindre ; l'autre qui l'alimentait inconsidérément, aux dépens de tout ce qu'il y a de noble et de respectable dans l'ordre intellectuel et dans l'ordre social. Ce sont peut-être ces deux impulsions opposées, imprimées à la fois au premier essor de cette

Voltaire
von Victor Hugo

François-Marie Arouet, berühmt unter dem Namen Voltaire, wurde am 20. Februar 1694 in Chatenay als Kind aus
einer Juristenfamilie geboren. Er erhielt seine Erziehung
im Jesuitenkolleg, wo ihm angeblich einer seiner Lehrer,
Pater Lejay, voraussagte, er werde in Frankreich der An-
führer der Theisten sein.

Arouet, dessen Talent sich mit Macht und mit der ganzen Ursprünglichkeit der Jugend entfaltete, hatte kaum das
Kolleg verlassen, als er einerseits der unbeugsamen Kritik
seines Vaters ausgesetzt war, andererseits dem Einfluss seines Paten, Abt Châteauneuf, der ein fröhlicher Sittenver-
derber war. Der Vater verurteilte ohne Begründung jegliche literarischen Studien, und zwar mit unüberwindlicher
Sturheit. Der Pate hingegen ermutigte Arouet zu seinen
Essais, schätzte seine Gedichte, vor allem wenn sie sich
durch einen gewissen Charme an Zügellosigkeit oder Gott-
losigkeit auszeichneten. Der eine wollte den Dichter in die
Amtsstube eines Staatsanwalts verbannen, der andere führte den jungen Mann auf Abwege durch alle Salons. Vater
Arouet untersagte dem Sohn jegliche Lektüre; Ninon de
Lenclos vermachte dem Schüler ihres Freundes Châteauneuf eine Bibliothek. So stand Voltaires Genie von Geburt
an unter dem Unglücksstern zweier gegensätzlicher Ein-
flüsse, beide gleichermaßen verderblich: der eine versuchte
gewaltsam das heilige Feuer zu ersticken, das nicht zu lö-
schen ist; der andere nährte es leichtfertig auf Kosten all
dessen, was nach geistigen und gesellschaftlichen Maßstä-
ben edel und ehrwürdig ist. Vielleicht sind es diese beiden
Triebfedern, die auf die frühe Entfaltung dieser mächtigen

imagination puissante, qui en ont vicié pour jamais la direction. Du moins peut-on leur attribuer les premiers écarts du talent de Voltaire, tourmenté ainsi tout ensemble du frein et de l'éperon.

Aussi, dès le commencement de sa carrière, lui attribua-t-on d'assez méchants vers fort impertinents qui le firent mettre à la Bastille, punition rigoureuse pour de mauvaises rimes. C'est durant ce loisir forcé que Voltaire, âgé de vingt-deux ans, ébaucha son poëme blafard de la *Ligue*, depuis la *Henriade*, et termina son remarquable drame d'*Œdipe*. Après quelques mois de Bastille, il fut à la fois délivré et pensionné par le régent d'Orléans, qu'il remercia de vouloir bien se charger de son entretien, en le priant de ne plus se charger de son logement.

Œdipe fut joué avec succès in 1718. Lamotte, l'oracle de cette époque, daigna consacrer ce triomphe par quelques paroles sacramentelles, et la renommée de Voltaire commença. Aujourd'hui Lamotte n'est peut-être immortel que pour avoir été nommé dans les écrits de Voltaire.

La tragédie d'*Artémire* succéda à *Œdipe*. Elle tomba. Voltaire fit un voyage à Bruxelles pour y voir J. B. Rousseau, qu'on a singulièrement appelé grand. Les deux poëtes s'estimaient avant de se connaître, ils se séparèrent ennemis. On a dit qu'ils étaient réciproquement envieux l'un de l'autre. Ce ne serait pas un signe de supériorité.

Artémire, refaite et rejouée en 1724 sous le nom de *Marianne*, eut beaucoup de succès sans être meilleure. Vers la même époque parut la *Ligue* ou la *Henriade*, et la France n'eut pas un poëme épique. Voltaire substitua dans son poëme Mornay à Sully,

Phantasie einwirkten und ihr so für immer eine schädliche Richtung gaben. Zumindest kann man ihnen die ersten Entgleisungen von Voltaires Talent anlasten, gleichzeitig irregeleitet von Zügel und Sporen.

So schrieb man ihm gleich zu Beginn seiner Karriere ziemlich böse, äußerst unverschämte Verse zu, die ihm Festungshaft in der Bastille eintrugen, eine harte Strafe für schlechte Reime. Während dieses erzwungenen Freizeitaufenthalts mit zweiundzwanzig Jahren entwarf er sein farbloses Gedicht *Ligue*, entstanden aus *Henriade*, und vollendete sein beachtliches Drama *Ödipus*. Nach einigen Monaten Bastille-Haft wurde er freigelassen und gleich darauf aufgenommen vom Prinzen von Orléans, dem er für die Übernahme des Lebensunterhalts dankte, ihn aber bat, sich nicht weiter um seine Unterbringung zu kümmern.

Ödipus wurde 1718 mit Erfolg aufgeführt. Lamotte, auf dessen Urteil man damals setzte, fand sich bereit, diesen Triumph mit einigen salbungsvollen Worten zu beweihräuchern; so nahm Voltaires Ruhm seinen Lauf. Heute ist Lamotte vielleicht nur deshalb unsterblich, weil er in Voltaires Schriften erwähnt wird.

Auf *Ödipus* folgte die Tragödie *Artémire*, die durchfiel. Voltaire machte eine Reise nach Brüssel, um dort Jean-Baptiste Rousseau zu treffen, den man seltsamerweise als groß bezeichnete. Bevor sie sich kannten, schätzten sich die beiden Dichter; sie trennten sich als Feinde. Man sagte, sie hätten sich gegenseitig beneidet. Das wäre nicht gerade ein Zeichen von Überlegenheit.

Artémire wurde umgearbeitet und 1724 erneut gespielt unter dem Titel *Marianne*; ohne besser zu sein, hatte das Stück guten Erfolg. Etwa zur gleichen Zeit erschien *Ligue* oder *Henriade*, und Frankreich hatte damals kein einziges episches Gedicht. Voltaire ersetzte darin Sully durch Mor-

parce qu'il avait à se plaindre du descendant de ce grand ministre.

Cette vengeance peu philosophique est cependant excusable, parce que Voltaire, insulté lâchement devant l'hôtel de Sully par je ne sais quel chevalier de Rohan, et abandonné par l'autorité judiciaire, ne put en exercer d'autre. Justement indigné du silence des lois envers son méprisable agresseur, Voltaire, déjà célèbre, se retira en Angleterre, où il étudia des sophistes. Cependant tous ses loisirs n'y furent pas perdus ; il fit deux nouvelles tragédies, *Brutus* et *César*, dont Corneille eût avoué plusieurs scènes.

Revenu en France, il donna successivement *Eryphile*, qui tomba, et *Zaïre*, chef-d'œuvre conçu et terminé en dix-huit jours, auquel il ne manque que la couleur du lieu et une certaine sévérité de style. *Zaïre* eut un succès prodigieux et mérité. La tragédie d'*Adélaïde du Guesclin* (depuis le *Duc de Foix*) succéda à *Zaïre* et fut loin d'obtenir le même succès. Quelques publications moins importantes, le *Temple du Goût*, les *Lettres sur les Anglais*, etc., tourmentèrent pendant quelques années la vie de Voltaire.

Cependant son nom remplissait déjà l'Europe. Retiré à Cirey, chez la marquise du Châtelet, femme qui fut, suivant l'expression même de Voltaire, propre à toutes les sciences, excepté à celle de la vie, il desséchait sa belle imagination dans l'algèbre et la géométrie, écrivait *Alzire, Mahomet*, l'*Histoire* spirituelle *de Charles XII*, amassait les matériaux du *Siècle de Louis XIV*, préparait l'*Essai sur les mœurs des nations*, et envoyait des madrigaux à Frédéric, prince héréditaire de Prusse. *Mérope*, également composée à Cirey, mit le sceau à la réputation dramatique de Voltaire. Il crut pou-

nay, weil er sich über den Nachkommen des großen Ministers zu beklagen hatte.

Diese nicht gerade philosophische Rache ist indes verzeihlich, da Voltaire, der vor dem Sully-Palais feige beschimpft worden war durch irgendeinen Ritter von Rohan, sich nicht anders rächen konnte. Zu Recht verärgert über das Schweigen der Gesetze gegen seinen verächtlichen Herausforderer, zog sich der bereits berühmte Voltaire nach England zurück, um sich mit den Sophisten zu befassen. Aber seine Lieblingsbeschäftigung lag nicht brach: er schrieb zwei neue Tragödien, *Brutus* und *Cäsar*; einige Szenen daraus hätten Corneille gefallen.

Nach seiner Rückkehr spielten die Bühnen in Frankreich erst *Eriphile*, das durchfiel, und dann das in achtzehn Tagen konzipierte und verfasste Meisterwerk *Zaire*, dem nur Lokalkolorit und etwas Stilstrenge fehlen. Auf *Zaire* folgte die Tragödie *Adélaide du Guesclin* (nach dem Stoff von *Duc de Foix*) und war bei weitem nicht so erfolgreich. Einige unwichtigere Veröffentlichungen, der *Tempel des Geschmacks* und die *Briefe über die Engländer*, machten Voltaire für einige Jahre das Leben schwer.

Sein Name erfüllte jedoch schon ganz Europa. Er zog sich nach Cirey zur Marquise du Châtelet zurück, einer Frau, die nach Voltaires eigenen Worten für alle Erkenntnisse geschaffen war, außer für die Bewältigung des Lebens; dort verausgabte er seinen großen Einfallsreichtum in Algebra und Geometrie, schrieb *Alzire, Mohammed*, die geistvolle *Geschichte von Charles XII.*, machte eine Stoffsammlung für das *Jahrhundert von Louis XIV.*, entwarf den *Essay über die Sitten der Völker* und schickte Madrigale an den preußischen Erbprinzen Friedrich. *Mérope*, das ebenfalls in Cirey entstand, drückte Voltaires Ruf als Dramatiker den Stempel auf. Er hielt den Zeitpunkt für gekommen,

voir alors se présenter pour remplacer le cardinal Fleury à l'Académie française. Il ne fut pas admis. Il n'avait encore que du génie. Quelque temps après, cependant, il se mit à flatter madame de Pompadour ; il le fit avec une si opiniâtre complaisance, qu'il obtint tout à la fois le fauteuil académique, la charge de gentilhomme da la chambre et la place d'historiographe de France. Cette faveur dura peu. Voltaire se retira tour à tour à Lunéville, chez le bon Stanislas, roi de Pologne et duc de Lorraine ; à Sceaux, chez madame du Maine, où il fit *Sémiramis, Orchestre* et *Rome sauvée*, et à Berlin, chez Frédéric, devenu roi de Prusse. Il passa plusieurs années dans cette dernière retraite avec le titre de chambellan, la croix du Mérite de Prusse et une pension. Il était admis aux soupers royaux avec Maupertuis, d'Argens et Lamettrie, athée du roi, de ce roi qui, comme le dit Voltaire même, vivait sans cour, sans conseil et sans culte. Ce n'était point l'amitié sublime d'Aristote et d'Alexandre, de Térence et de Scipion. Quelques années de frottement suffirent pour user ce qu'avaient de commun l'âme du despote philosophe et l'âme du sophiste poëte. Voltaire voulut s'enfuir de Berlin. Frédéric le chassa.

Renvoyé de Prusse, repoussé de France, Voltaire passa deux ans en Allemagne, où il publia ses *Annales de l'Empire*, rédigées par complaisance pour la duchesse de Saxe-Gotha ; puis il vint se fixer aux portes de Genève avec madame Denis, sa nièce.

L'Orphelin de la Chine, tragédie où brille encore presque tout son talent, fut le premier fruit de sa retraite, où il eût vécu en paix, si d'avides libraires

sich an der Académie Française für den Platz von Kardinal Fleury zu bewerben. Er wurde nicht aufgenommen, denn er war nichts weiter als ein junges Genie. Erst als er wenig später Madame Pompadour hofierte, und zwar mit hartnäckiger Gefälligkeit, erhielt er gleichzeitig den Sessel an der Académie, wurde in den Adelsstand erhoben und in das Amt eines Geschichtsschreibers für Frankreich eingesetzt. Nach und nach zog sich Voltaire nach Lunéville zurück zum guten Stanislas, dem polnischen König und Herzog von Lothringen; dann nach Sceaux zu Madame du Maine, wo *Semiramis*, *Oreste* und *Das gerettete Rom* entstanden, und schließlich nach Berlin zu Friedrich, der inzwischen preußischer König geworden war. An diesem Zufluchtsort verbrachte er mehrere Jahre, hatte die Stellung eines Kammerherrn inne, erhielt das preußische Verdienstkreuz und eine Pension. Zur Abendtafel war er als Hof-Atheist geladen, zusammen mit Maupertius, d'Argens und Lamettrie, bei dem König, der, wie Voltaire selbst bezeugte, auf Hofzeremoniell, Berater und Kult verzichtete. Das war nicht vergleichbar mit der hehren Freundschaft von Aristoteles, Alexander, Terentius und Scipio. Wenige Jahre an Reibung genügten, um abzunutzen, was es an Verbindendem gab zwischen der Seele des philosophischen Despoten und der Seele des sophistischen Dichters. Voltaire wollte sich aus Berlin zurückziehen – Friedrich warf ihn hinaus.

Von Preußen weggeschickt, von Frankreich abgelehnt, verbrachte Voltaire zwei Jahre in Deutschland und veröffentlichte seine *Jahrbücher des Kaiserreichs*, die er abgefasst hatte, um sich damit bei der Herzogin von Sachsen-Gotha einzuschmeicheln; dann ließ er sich mit seiner Nichte, Madame Denis, vor den Toren von Genf nieder.

Die Tragödie *Das Chinesische Waisenkind*, in der wieder sein ganzes Talent sichtbar wird, war die erste Ausbeute seines Zufluchtsortes, wo er in Frieden hätte leben können,

n'eussent publié son odieuse *Pucelle*. C'est encore à cette époque et dans ses diverses résidences des Délices, de Tournay et de Ferney, qu'il fit le poëme sur le *Tremblement de terre de Lisbonne*, la tragédie de *Tancrède*, quelques contes et différents opuscules. C'est alors qu'il défendit, avec une générosité mêlée de trop d'ostentations, Calas, Sirven, la Barre, Montbailli, Lally, déplorables victimes des méprises judiciaires. C'est alors qu'il se brouilla avec Jean-Jacques, se lia avec Catherine de Russie, pour laquelle il écrivit l'histoire de son aïeul Pierre Ier, et se réconcilia avec Frédéric. C'est encore du même temps que date sa coopération à l'*Encyclopédie*, ouvrage où des hommes qui avaient voulu prouver leur force ne prouvèrent que leur faiblesse, monument monstrueux dont le *Moniteur* de notre révolution est l'effroyable pendant.

Accablé d'années, Voltaire voulut revoir Paris. Il revint dans cette Babylone qui sympathisait avec son génie. Salué d'acclamations universelles, le malheureux vieillard put voir, avant de mourir, combien son œuvre était avancée. Il put jouir ou s'épouvanter de sa gloire. Il ne lui restait plus assez de puissance vitale pour soutenir les émotions de ce voyage, et Paris le vit expirer le 30 mai 1778. Les esprits forts prétendirent qu'il avait emporté l'incrédulité au tombeau. Nous ne le poursuivrons pas jusque-là.

Nous avons raconté la vie privée de Voltaire; nous allons essayer de peindre son existence publique et littéraire.

Nommer Voltaire, c'est caractériser tout le dix-huitième siècle; c'est fixer d'un seul trait la double physionomie historique et littéraire de cette époque, qui ne fut, quoi qu'on en dise, qu'une époque de

wenn nicht geldgierige Verleger seine schändliche *Jungfrau von Orléans* veröffentlicht hätten. Zu jener Zeit verfasste er an verschiedenen Aufenthaltsorten wie Délices, Tournay und Ferney das Gedicht über das *Erdbeben von Lissabon*, die Tragödie *Tankred*, einige Erzählungen und allerlei kleinere Schriften. Danach verteidigte er mit etwas zu eigennützigem Großmut Galas, Sirven, la Barre, Montbailli, Lally, alle beklagenswerte Opfer von Justizirrtümern. Damals zerstritt er sich mit Jean-Jacques Rousseau, schloss sich der russischen Zarin Katharina der Großen an, für die er die *Geschichte Russlands unter Peter dem Großen* schrieb, und versöhnte sich mit Friedrich. In diese Zeit fällt auch seine Mitarbeit an der *Enzyklopädie*, ein Werk, in dem Männer, die ihre Stärke zeigen wollten, nur ihre Schwäche offenbarten, ein kolossales Machwerk, vergleichbar dem *Moniteur*, dem abschreckenden Gegenstück aus unserer Revolution.

Von den Jahren gebeutelt, wollte Voltaire Paris wiedersehen. Er kehrte zurück in dieses Babylon, das für seinen Genius empfänglich war. Mit allgemeinem Beifall aufgenommen, durfte der unglückliche alte Mann vor seinem Tod noch erleben, wie weit sein Werk gediehen war. Er konnte sich über seinen Ruhm teils freuen, teils entsetzen. Seine Lebenskraft reichte nicht mehr aus, die Strapazen dieser Reise zu überstehen, und Paris musste am 30. Mai 1778 seinen Tod zur Kenntnis nehmen. Die Geistesgrößen behaupteten, er habe den Unglauben mit ins Grab genommen. So weit werden wir ihm nicht folgen.

Wir haben ein Bild von Voltaires Privatleben gezeichnet; nun wollen wir versuchen, sein öffentliches und literarisches Wirken zu charakterisieren.

Mit dem Namen Voltaire verbindet sich das gesamte 18. Jahrhundert, ein einziger Pinselstrich hält das geschichtliche wie das literarische Antlitz jener Zeit fest, die für Gesellschaft und Dichtkunst nur eine Übergangsperiode dar-

transition, pour la société comme pour la poésie. Le dix-huitième siècle paraîtra toujours dans l'histoire comme étouffé entre le siècle qui le précède et le siècle qui le suit. Voltaire en est le personnage principal et en quelque sorte typique, et, quelque prodigieux que fût cet homme, ses proportions semblent bien mesquines entre la grande image de Louis XIV et la gigantesque figure de Napoléon.

Il y a deux êtres dans Voltaire. Sa vie eut deux influences. Ses écrits eurent deux résultats. C'est sur cette double action, dont l'une domina les lettres, dont l'autre se manifesta dans les événements, que nous allons jeter un coup d'œil. Nous étudierons séparément chacun de ces deux règnes du génie de Voltaire. Il ne faut pas oublier toutefois que leur double puissance fut intimement coordonnée, et que les effets de cette puissance, plutôt mêlés que liés, ont toujours eu quelque chose de simultané et de commun. Si, dans cette note, nous en divisons l'examen, c'est uniquement parce qu'il serait au-dessus de nos forces d'embrasser d'un seul regard cet ensemble insaisissable; imitant en cela l'artifice de ces artistes orientaux qui, dans l'impuissance de peindre une figure de face, parviennent cependant à la représenter entièrement, en enfermant les deux profils dans un même cadre.

En littérature, Voltaire a laissé un de ces monuments dont l'aspect étonne plutôt par son étendue qu'il n'impose par sa grandeur. L'édifice qu'il a construit n'a rien d'auguste. Ce n'est point le palais des rois, ce n'est point l'hospice du pauvre. C'est un bazar élégant et vaste, irrégulier et commode: étalant dans la boue d'innombrables richesses; donnant à tous les intérêts, à toutes les vanités, à toutes les

stellte, ganz gleich was andere davon halten mögen. Das 18. Jahrhundert wird in der Geschichte immer irgendwie eingeklemmt erscheinen zwischen dem vorausgehenden und dem nachfolgenden Jahrhundert. Voltaire ist die wichtigste und gleichsam typischste Figur darin, und so außergewöhnlich dieser Mensch auch gewesen sein mag, seine Bedeutung erscheint ziemlich armselig neben dem Glorienschein Ludwigs XIV. und der gewaltigen Gestalt Napoleons.

In Voltaire stecken zwei Wesen. Sein Leben unterstand zwei Einflüssen. Seine Schriften hatten zwei Auswirkungen. Auf diese Duplizität, wovon der eine Teil die Literatur beherrschte, der andere in den Ereignissen zum Ausdruck kam, wollen wir einen Blick werfen. Wir wollen diese beiden Wirkungsbereiche von Voltaires Genius getrennt erarbeiten. Man darf jedoch nicht außer Acht lassen, dass ihre doppelte Sprengkraft eng verflochten war, und dass die eher vermengten als miteinander verknüpften Wirkungen dieser Kraft immer etwas Gleichzeitiges und Gemeinsames aufwiesen. Wenn wir in dieser Studie die Bereiche getrennt behandeln, so geschieht das nur, weil es unsere Kräfte überfordern würde, mit einem Blick dieses undurchdringliche Ganze zu erfassen; wir halten uns dabei an den Kunstgriff jener orientalischen Künstler, die, unfähig ein Gesicht von vorn zu malen, doch eine Gesamtdarstellung zustande bringen, indem sie beide Profile mit einem Rahmen umgeben.

In der Literatur hinterließ Voltaire eines jener Gedankengebäude, die eher durch ihre Dimensionen beeindrucken als durch ihre Bedeutung. Das Haus, das er baute, hat nichts Erhabenes. Es ist weder der Königspalast noch das Armenhaus. Es ist ein riesiges, prachtvolles Warenhaus, ausufernd aber bequem. Es stellt mitten im Dreck enorme Reichtümer zur Schau; es bietet Interessen, Eitelkeiten, Leidenschaften, jedem, was er sucht, Glänzendes und Abstoßendes; es befrie-

passions, ce qui leur convient, éblouissant et fétide; offrant des prostitutions pour des voluptés; peuplé de vagabonds, de marchands et d'oisifs, peu fréquenté du prêtre et de l'indigent. Là d'éclatantes galeries inondées incessamment d'une foule émerveillée; là des antres secrets où nul ne se vante d'avoir pénétré. Vous trouvez sous ces arcades somptueuses mille chefs-d'œuvre de goût et d'art, tout reluisants d'or et de diamants; mais n'y cherchez pas la statue de bronze aux formes antiques et sévères. Vous y trouvez des parures pour vos salons et pour vos boudoirs; n'y cherchez pas les ornements qui conviennent au sanctuaire. Et malheur au faible qui n'a qu'une âme pour fortune et qui l'expose aux séductions de ce magnifique repaire: temple monstrueux où il y a des témoignages pour tout ce qui n'est pas la vérité, un culte pour tout ce qui n'est pas Dieu!

Certes, si nous voulons bien parler d'un monument de ce genre avec admiration, on n'exigera pas que nous en parlions avec respect.

Nous plaindrions une cité où la foule serait au bazar et la solitude à l'église, nous plaindrions une littérature qui déserterait le sentier de Corneille et de Bossuet pour courir sur la trace de Voltaire.

Loin de nous toutefois la pensée de nier le génie de cet homme extraordinaire. C'est parce que, dans notre conviction, ce génie était peut-être un des plus beaux qui aient jamais été donnés à aucun écrivain, que nous en déplorons plus amèrement le frivole et funeste emploi. Nous regrettons, pour lui comme pour les lettres, qu'il ait tourné contre le ciel cette puissance intellectuelle qu'il avait reçue du ciel. Nous gémissons sur ce beau génie qui n'a point compris sa sublime mission, sur cet ingrat qui a

digt ausschweifende Gelüste; es ist bevölkert mit Vagabunden, Händlern und Faulenzern, wird kaum aufgesucht von Priestern und Bedürftigen. Hier gibt es prachtvolle Abteilungen, ständig umlagert von einer begeisterten Menschenmenge; dort sind verborgene Grotten, in die eingedrungen zu sein keiner offen zugibt; Sie finden unter diesen pompösen Arkaden tausend geschmackvolle und kunstreiche Meisterwerke, erstrahlend von Gold und Diamanten; aber suchen Sie dazwischen nicht die nach strengem Vorbild geformte Bronzestatue; Sie finden dort Zierat für Ihre Empfangsräume und Ihre Privatsphäre; suchen Sie nicht Kunstgegenstände zur Ausschmückung des Altarraums. Und wehe dem Schwachen, dessen Seele nur nach Reichtum giert und der sie dem verführerischen Angebot dieser prächtigen Räuberhöhle aussetzt: ein ungeheurer Tempel, wo es Beweise gibt für alles, was nicht der Wahrheit entspricht, einen Kult ohne Gott!

Gewiss, auch wenn wir durchaus mit Bewunderung von einem solchen Bauwerk sprechen, wird keiner von uns verlangen, dass wir ihm Hochachtung zollen.

Wir würden eine Stadt beklagen, wo sich die großen Massen auf dem Bazar drängen und die Kirche gähnend leer bleibt, wir würden eine Literatur beklagen, die die Pfade von Corneille und Bossuet meidet, um hinter Voltaire herzulaufen.

Es liegt uns jedoch fern, die Geistesgröße dieses außerordentlichen Mannes zu leugnen. Da nach unserer Überzeugung diese Geistesgröße zu den prachtvollsten gehört, die je einem Schriftsteller gegeben war, sind wir bitter enttäuscht vom leichtfertigen und unheilvollen Gebrauch, der davon gemacht wurde. Wir bedauern für ihn wie für die Literatur, dass er die vom Himmel geschenkte Geisteskraft gegen den Himmel gerichtet hat. Wir seufzen über diesen glänzenden Genius, der kein Sendungsbewusstsein hatte, über diesen Undankbaren, der die Reinheit der Musen und die Heiligkeit

profané la chasteté de la muse et la sainteté de la patrie, sur ce transfuge qui ne s'est pas souvenu que le trépied du poëte a sa place près de l'autel. Et (ce qui est d'une profonde et inévitable vérité) sa faute même renfermait son châtiment. Sa gloire est beaucoup moins grande qu'elle ne devait l'être, parce qu'il a tenté tous les champs, on ne peut dire qu'il en ait cultivé un seul. Et, parce qu'il eut la coupable ambition d'y semer également les germes nourriciers et les germes généreux, ce sont, pour sa honte éternelle, les poisons qui ont le plus fructifié. La *Henriade*, comme composition littéraire, est encore bien inférieure à la *Pucelle* (ce qui ne signifie certes pas que ce coupable ouvrage soit supérieur, même dans son genre honteux). Ses satires, empreintes parfois d'un stigmate infernal, sont fort au-dessus de ses comédies, plus innocents. On préfère ses poésies légères, où son cynisme éclate souvent à nu, à ses poésies lyriques, dans lesquelles on trouve parfois des vers religieux et graves. Ses contes, enfin, si désolants d'incrédulité et de scepticisme, valent mieux que ses histoires, où le même défaut se fait un peu moins sentir, mais où l'absence perpétuelle de dignité est en contradiction avec le genre même de ces ouvrages. Quant à ses tragédies, où il se montre réellement grand poëte, où il trouve souvent le trait du caractère, le mot du cœur, on ne peut disconvenir, malgré tant d'admirables scènes, qu'il ne soit encore resté assez loin de Racine, et surtout du vieux Corneille. Et ici notre opinion est d'autant moins suspecte, qu'un examen approfondi de l'œuvre dramatique de Voltaire nous a convaincu de sa haute supériorité au théâtre. Nous ne doutons pas que si Voltaire, au lieu de disperser les forces colossales de

des Vaterlandes entwürdigte, über diesen Abtrünnigen, der vergessen hatte, dass der Schemel des Dichters seinen Platz im Altarraum hat. Und – das ist die tiefe und unausweichliche Wahrheit – sein eigenes Fehlverhalten barg die Strafe in sich. Sein Ansehen ist viel weniger groß als es sein sollte, weil er jede Art von Ruhm ausprobierte, sogar in der Rolle von Herostratos. Er rodete alle Felder, bestellte aber tatsächlich kein einziges. Und da er den sträflichen Ehrgeiz hatte, dort auch nahrhafte und fruchtbare Saat auszustreuen, haben sich zu seiner ewigen Schande giftige Pflanzen am meisten verbreitet. Die *Henriade* ist vom literarischen Wert her gesehen noch viel schlechter als die *Jungfrau von Orléans* (was keineswegs besagen soll, dass dieses zu verdammende Werk selbst in dieser schandbaren Gattung höher einzustufen wäre). Seine manchmal von teuflischem Sarkasmus geprägten Satiren sind viel besser als seine eher unschuldigen Komödien. Seine lockeren Gedichte, aus denen sein Zynismus häufig ganz nackt hervortritt, sind beliebter als seine lyrischen Verse, in denen manchmal religiöse und ernsthafte Themen anklingen. Seine so enttäuschend von Unglauben und Skepsis geprägten Märchen sind letzten Endes besser als seine Geschichten, in denen der gleiche Fehler zwar weniger vorherrscht, wo aber die durchweg fehlende Würde im Widerspruch steht zur ursprünglichen Gattung dieser Werke. Was seine Tragödien angeht, in denen er sich tatsächlich als großer Dichter zeigt und wo er den wahren Charakter und oft den springenden Punkt genau trifft, kann man trotz vieler wunderbarer Szenen nicht leugnen, dass er sich bei weitem nicht messen kann mit Racine und vor allem nicht mit dem alten Corneille. Und hierin kann unsere Meinung um so weniger angezweifelt werden, als eine gründliche Überprüfung von Voltaires dramatischem Werk uns von seiner hohen Überlegenheit im Theaterfach überzeugt hat. Hätte Voltaire die gewaltigen Kräfte seines Denkens

sa pensée sur vingt points différents, les eût toutes réunies vers un même but, la tragédie, il n'eût surpassé Racine et peut-être égalé Corneille. Mais il dépensa le génie en esprit. Aussi fut-il prodigieusement spirituel. Aussi le sceau du génie est-il plutôt empreint sur le vaste ensemble de ses ouvrages que sur chacun d'eux en particulier. Sans cesse préoccupé de son siècle, il négligeait trop la postérité, cette image austère qui doit dominer toutes les méditations du poëte. Luttant de caprice et de frivolité avec ses frivoles et capricieux contemporains, il voulut leur plaire et se moquer d'eux. Sa muse, qui eût été si belle de sa beauté, emprunta souvent ses prestiges aux enluminures du fard et aux grimaces de la coquetterie, et l'on est perpétuellement tenté de lui adresser ce conseil d'amant jaloux : « Epargne-toi ce soin ; l'art n'est pas fait pour toi, tu n'en as pas besoin. »

Voltaire paraissait ignorer qu'il y a beaucoup de grâce dans la force, et que ce qu'il y a de plus sublime dans les œuvres de l'esprit humain est peut-être aussi ce qu'il y a de plus naïf. Car l'imagination sait révéler sa céleste origine sans recourir à des artifices étrangers. Elle n'a qu'à marcher pour se montrer déesse. *Et vera incessu patuit dea.*

auf ein Ziel, nämlich die Tragödie, gerichtet, anstatt sie auf zwanzig verschiedene Punkte zu verzetteln, hätte er zweifellos Racine übertroffen und wäre womöglich Corneille ebenbürtig. Aber er setzte den Genius in Witz um. Auch war er erstaunlich geistreich. So zeichnet der Stempel des Genius eher das gewaltige Gesamtwerk aus als die einzelnen Schriften im besonderen. Ständig am Zeitgeist orientiert, vernachlässigte er zu sehr die Nachwelt, die düstere Vision, die das ganze Denken des Dichters bestimmen muss. Durch eigenwillige und zügellose Einfälle im Wettstreit mit seinen ausschweifenden und launenhaften Zeitgenossen wollte er ihnen imponieren und sich über sie lustig machen. Seine Muse, in ihrer wahren Schönheit so echt, entlehnte ihre Vorzüge oft der bunten Palette des Maskenbildners und dem Mienenspiel der Eitelkeit, und man ist dauernd versucht, ihr den Rat des eifersüchtigen Liebhabers zu erteilen: «Spar dir die Mühe; die Kunst ist nicht für dich gemacht, du hast sie nicht nötig.»

Voltaire schien nicht zu wissen, dass der Stärke auch ein Zauber innewohnt und dass das Erhabenste, das der menschliche Geist in seinen Werken ersinnt, auch das Harmloseste sein kann. Denn die Phantasie kann ihren göttlichen Ursprung zu erkennen geben, ohne fremde Kunstgriffe zu Hilfe zu nehmen. Sie muss sich nur bewegen, um als Göttin zu erscheinen: *Et vera incessu patuit dea.*

Jean-Jacques Rousseau
par Jacques-Henri Bernardin
de Saint-Pierre

Au mois de juin de 1772, un ami m'ayant proposé de me
mener chez Jean-Jacques Rousseau, il me conduisit dans
une maison rue Plâtrière, à peu près vis-à-vis de l'hôtel
de la Poste. Nous montâmes au quatrième étage. Nous
frappâmes ; et Mme Rousseau vint nous ouvrir la porte.
Elle nous dit : « Entrez, Messieurs, vous allez trouver mon
mari. » Nous traversâmes une fort petite antichambre, où
des ustensiles de ménage étaient proprement arrangés ;
de là nous entrâmes dans une chambre où J. J. Rousseau
était assis en redingote et en bonnet blanc, occupé à copier de la musique. Il se leva d'un air riant, et se remit à
son travail, en se livrant quelquefois à la conversation.

Il était maigre et d'une taille moyenne. Une de ses
épaules paraissait un peu plus élevée que l'autre, soit que
ce fût l'effet d'un défaut naturel, ou de l'attitude qu'il
prenait dans son travail, ou de l'âge qui l'avait voûté, car
il avait alors soixante-quatre ans ; d'ailleurs, il était fort
bien proportionné. Il avait le teint brun, quelques couleurs
aux pommettes des joues, la bouche belle, le nez très bien
fait, le front rond et élevé, les yeux pleins de feu. Les
traits obliques qui tombent des narines vers les extrémités
de la bouche, et qui caractérisent la physionomie, expri-
maient dans la sienne une grande sensibilité, et quelque
chose même de douloureux. On remarquait dans son visage trois ou quatre caractères : de la mélancolie, par l'en-
foncement des yeux et par l'affaissement des sourcils ; de
la tristesse profonde, par les rides du front ; une gaieté très
vive et même un peu caustique, par mille petits plis aux

Jean-Jacques Rousseau
von Jacques-Henri Bernardin de Saint-Pierre

Im Juni 1772 führte mich ein Freund, der mir angeboten hatte, mich zu Jean-Jacques Rousseau mitzunehmen, in ein Haus in der Rue Plâtrière, ziemlich genau gegenüber dem Hotel zur Post. Wir stiegen in den vierten Stock hinauf und klopften an; Madame Rousseau öffnete uns die Tür und sagte: «Kommen Sie herein, meine Herren, mein Mann ist hier.» Wir durchquerten ein ziemlich kleines Vorzimmer, wo Haushaltsgeräte säuberlich verstaut waren; von dort betraten wir ein Zimmer, wo Jean-Jacques Rousseau im Gehrock mit weißer Mütze saß und Noten abschrieb. Gut gelaunt erhob er sich, setzte sich dann wieder an die Arbeit und unterhielt sich nebenbei gelegentlich mit uns.

Er war hager und mittelgroß. Eine Schulter schien etwas höher als die andere, vielleicht lag es an einer angeborenen Missbildung oder an einer bei der Arbeit angewöhnten Fehlhaltung oder aber am Alter, das ihn gebeugt hatte, denn er war bereits vierundsechzig; ansonsten hatte er sehr ausgewogene Körpermaße. Sein Gesicht war gebräunt mit lebhafteren Farben an den Bäckchen, ein schöner Mund, eine gut geformte Nase, eine hohe gewölbte Stirn und sehr feurige Augen. Die schrägen Linien, die von den Nasenflügeln zu den Mundwinkeln verlaufen und so charakteristisch sind für das Aussehen, sprachen bei ihm für große Feinfühligkeit, ja sogar Wehmut. In seinem Antlitz erkannte man drei oder vier Charakterzüge: Melancholie in den tiefliegenden Augen und den absinkenden Brauen; tiefe Traurigkeit in den Stirnfalten; lebhafte, sogar ein wenig bissige Heiterkeit in den tausend Fältchen der äußeren Augenwinkel, wobei die

angles extérieurs des yeux, dont les orbites disparaissaient quand il riait. Toutes ces passions se peignaient successivement sur son visage, suivant que les sujets de la conversation affectaient son âme ; mais dans une situation calme, sa figure conservait une empreinte de toutes ces affections, et offrait à la fois je ne sais quoi d'aimable, de fin, de touchant, de digne de pitié et de respect.

Près de lui était une épinette sur laquelle il essayait de temps en temps des airs. Deux petits lits de cotonnade rayée de bleu et de blanc comme la tenture de sa chambre, une commode, une table et quelques chaises faisaient tout son mobilier. Aux murs étaient attachés un plan de la forêt et du parc de Montmorency, où il avait demeuré, et une estampe du roi d'Angleterre, son ancien bienfaiteur. Sa femme était assise, occupée à coudre du linge ; un serin chantait dans sa cage suspendue au plafond ; des moineaux venaient manger du pain sur les fenêtres ouvertes du côté de la rue, et sur celle de l'antichambre on voyait des caisses et des pots de plantes telles qu'il plaît à la nature des les semer. Il y avait dans l'ensemble de son petit ménage un air de propreté, de paix et de simplicité qui faisait plaisir.

Il me parla de mes voyages ; ensuite la conversation roula sur les nouvelles des temps après quoi il nous lut une lettre manuscrite en réponse à M. le marquis de Mirabeau, qui l'avait interpellé dans une discussion politique. Il le suppliait de ne pas le rengager dans les tracasseries de la littérature. Je lui parlai de ses ouvrages, et je lui dis que ce que j'en aimais le plus, c'était *Le Devin du village* et le troisième volume d'*Emile*. Il me parut charmé de mon sentiment.

« C'est aussi, me dit-il, ce que j'aime le mieux avoir fait. Mes ennemis ont beau dire, ils ne feront jamais un *Devin du village*. »

Augenhöhlen verschwanden, wenn er lachte. All diese Gefühlszustände kamen nacheinander in seinem Gesicht zum Ausdruck, je nachdem, wie die Gesprächsthemen seine Seele berührten; aber in Ruhe war sein Gesicht von all diesen Regungen gleichermaßen geprägt und hatte zudem etwas Liebenswürdiges, Feines, Rührendes, Mitleid und Achtung heischendes.

Neben ihm stand ein Spinett, auf dem er von Zeit zu Zeit Melodien ausprobierte. Die ganze Zimmereinrichtung bestand aus zwei kleinen Betten mit blau-weiß gestreiftem Baumwollüberwurf, der zur Tapete passte, aus einer Kommode und einem Tisch mit einigen Stühlen. An der Wand hingen ein Plan vom Wald und vom Park von Montmorency, wo er einst gewohnt hatte, und ein Stich mit dem Bild des englischen Königs, seines früheren Wohltäters. Seine Frau saß dabei und war mit Nähen beschäftigt; ein Zeisig sang in seinem Bauer, das an der Zimmerdecke aufgehängt war; Spatzen pickten Brot vor den zur Straßenseite hin geöffneten Fenstern, und am Fenster des Vorzimmers sah man Blumenkästen und Töpfe mit Pflanzen, wie sie in der Natur wild wachsen. Der gesamte kleine Hausstand strahlte Sauberkeit, Frieden und Einfachheit aus, eine wahre Freude.

Er sprach mich auf meine Reisen an; dann kreiste das Gespräch ums Zeitgeschehen, worauf er uns einen handgeschriebenen Brief vorlas, seine Antwort an den Grafen Mirabeau, der ihn bezüglich einer politischen Diskussion befragt hatte. Er flehte ihn an, ihn nicht wieder in literarische Finten zu verwickeln. Ich ging auf seine Werke ein und sagte ihm, welche mir am besten gefielen, nämlich der *Wahrsager des Dorfes* und der dritte Band von *Emile*. Er schien entzückt von meinem guten Gespür.

«Das ist auch das, was ich am liebsten gemacht habe,» antwortete er, «meine Feinde können sagen, was sie wollen, sie werden nie einen *Wahrsager des Dorfes* zustande bringen.»

49

Il nous montra une collection de graines de toute espèce. Il les avait arrangées dans une multitude de petites
boîtes. Je ne pus m'empêcher de lui dire que je n'avais
vu personne qui eût ramassé une si grande quantité de
graines et qui eût si peu de terres. Cette idée le fit rire.
Il nous reconduisit, lorsque nous prîmes congé de lui,
jusque sur le bord de son escalier.

A quelques jours de là, il vint me rendre ma visite.
Il était en perruque ronde bien poudrée et bien frisée,
pourtant un chapeau sous le bras, et un habit complet
de nankin. Le cuir de ses souliers était découpé de
deux étoiles à cause des cors qui l'incommodaient, il
tenait une petite canne à la main. Tout son extérieur
était modeste mais fort propre, comme on le dit de celui de Socrate. Je lui offris une pièce de coco marin
avec son fruit pour augmenter sa collection de graines,
et il me fit le plaisir de l'accepter. Avant de sortir de
chez moi, nous passâmes dans une chambre où je lui
fis voir une belle immortelle du Cap, dont les fleurs
ressemblent à des fraises et les feuilles à des morceaux
de drap gris. Il la trouva charmante, mais je l'avais
donnée, et elle n'était plus à ma disposition. Comme
je le reconduisais à travers les Tuileries, il sentit
l'odeur du café.

« Voici, me dit-il, un parfum que j'aime beaucoup.
Quand on en brûle dans un escalier, j'ai des voisins
que ferment leur porte, et moi j'ouvre la mienne.

– Vous prenez donc du café, lui dis-je, puisque
vous en aimez l'odeur.

– Oui, me répondit-il, c'est tout ce que j'aime des
choses de luxe : les glaces et le café. »

J'avais apporté une balle de café de l'île Bourbon,
et j'en avait fait quelques paquets que je distribuais
à mes amis. Je lui en envoyai un, le lendemain, avec

Er zeigte uns eine Sammlung von Samen jeder Pflanzenart. Er hatte sie in ganz vielen kleinen Schachteln aufbewahrt. Ich konnte mir die Bemerkung nicht verkneifen, mir sei noch nie jemand begegnet, der eine so große Samenmenge zusammengetragen habe und so wenig Grund und Boden besitze. Dieser Gedanke brachte ihn zum Lachen. Als wir uns verabschiedeten, begleitete er uns bis zum Treppenabsatz.

Einige Tage später machte er mir einen Gegenbesuch. Er trug eine gut gepuderte, ziemlich lockige Rundperücke, den Hut unterm Arm und hatte einen Anzug aus Nanking-Baumwolle an. Das Leder seiner Schuhe war an zwei Stellen sternförmig ausgeschnitten, seiner Hühneraugen wegen, die ihm Beschwerden verursachten; in der Hand hielt er einen kleinen Stock. Sein Äußeres war insgesamt bescheiden, aber sehr gepflegt, wie man es Sokrates nachsagt. Ich schenkte ihm eine Coco-marin-Pflanze mit Fruchtstand als Ergänzung seiner Samensammlung, und zu meiner Freude nahm er das Geschenk an. Bevor wir das Haus verließen, gingen wir noch in ein Zimmer, wo ich ihm eine schöne Strohblume vom Kap zeigte, deren Blüten wie Erdbeeren aussahen und die Blätter, als seien sie aus grauem Tuch. Er fand sie bezaubernd, aber ich hatte sie schon versprochen und konnte sie ihm daher nicht schenken. Als ich ihn durch die Tuilerien nach Hause begleitete, duftete es auf einmal nach Kaffee.

«Das ist ein Aroma, das ich sehr gerne mag. Wenn im Treppenhaus Kaffee geröstet wird, gibt es Nachbarn, die die Türe schließen; ich dagegen mache meine Tür auf.»

«Sie trinken also Kaffee», bemerkte ich, «da Sie diesen Duft schätzen.»

«Ja», sagte er, «ich mag nur zwei Genussmittel, Eis und Kaffee.»

Ich hatte von der Insel Bourbon einen Sack Kaffee mitgebracht und in Pakete abgepackt, die ich an meine Freunde verteilte. Davon ließ ich ihm am nächsten Tag eines zukom-

un billet où je lui mandais que sachant son goût pour les graines étrangères, je le priais d'accepter celles-là. Il me répondit par un billet fort poli, où il me remerciait de mon attention.

Mais le jour suivant j'en reçus un autre d'un ton bien différent. Il me mandait :

Hier, Monsieur, j'avais du monde chez moi qui m'a empêché d'examiner ce que contenait le paquet que vous m'aviez envoyé. A peine nous nous connaissons, et vous débutez par des cadeaux. C'est rendre notre société trop inégale; ma fortune ne me permet point d'en faire; choisissez de reprendre votre café ou de nous plus voir.

Agréez mes très humbles salutations.   J.-J. Rousseau

Je lui répondis qu'ayant été dans les pays où croissait le café, la qualité et la quantité de ce présent le rendait de peu d'importance; qu'au reste je lui laissais le choix de l'alternative qu'il m'avait donnée. Cette petite altercation se termina aux conditions que j'accepterais de sa part une racine de Ginseng et un ouvrage sur l'ichtyologie qu'on lui avait envoyé de Montpellier.

« Pourquoi, lui disais-je une fois, avez vous quitté le séjour de la campagne que vous aimez tant pour habiter une des rues de Paris les plus bruyantes ?

– Il faut, me répondit-il, pouvoir vivre à la campagne. Mon état de copiste de musique m'oblige d'être à Paris. D'ailleurs, on a beau dire qu'on vit à bon marché à la campagne, on y tire presque tout des villes. Si vous avez besoin de deux liards de poivre, il vous en coûte six sous de commission. Eh puis, j'y étais accablé de gens indiscrets. Un jour entre autres une femme de Paris, pour m'épargner un port de lettre de quatre sous, m'en fit coûter près de quatre francs. Elle

men mit ein paar Zeilen, in denen ich ausdrückte, dass ich angesichts seiner Vorliebe für exotisches Saatgut ihn bäte, diese Körner anzunehmen. Er antwortete mit einem sehr höflichen Brief und dankte mir für meine Aufmerksamkeit.

Am folgenden Tag erhielt ich aber ein in völlig anderem Ton abgefasstes Schreiben. Er teilte mir mit:

Gestern, verehrter Herr, hatte ich Gäste, die mich davon abhielten, den Inhalt Ihres Paketes in Augenschein zu nehmen. Kaum kennen wir uns, und schon schicken Sie Geschenke. Das bringt unseren Umgang aus dem Gleichgewicht; mein Vermögen erlaubt mir nicht, solche Geschenke zu machen; entweder Sie nehmen den Kaffee zurück oder wir werden uns nicht mehr treffen.

Mit untertänigen Grüßen bin ich Ihr J.-J. Rousseau

Ich schrieb ihm zurück, dass Menge und Wert des Geschenkes unerheblich seien, da ich in dem Land, wo der Kaffee wächst, gewesen war; im übrigen möge er selbst zwischen den beiden vorgeschlagenen Möglichkeiten wählen. Diese kleine Auseinandersetzung endete mit der Bedingung, dass ich von ihm eine Ginsengwurzel annähme und eine Abhandlung über Fischkunde, die er aus Montpellier erhalten hatte.

Einmal fragte ich ihn: «Warum haben Sie Ihren Aufenthalt auf dem Lande, das Sie so schätzen, aufgegeben, um in einer der lautesten Pariser Straßen zu wohnen?»

«Man muss es sich leisten können, auf dem Land zu leben», antwortete er, «meine Tätigkeit als Notenabschreiber zwingt mich, in Paris ansässig zu sein. Im übrigen heißt es zwar, man lebe billig auf dem Land, aber man bezieht doch fast alles von den Städten. Wenn Sie für einen halben Sou Pfeffer brauchen, werden sechs Sous Handelsspanne verlangt. Außerdem wurde ich von aufdringlichen Leuten belästigt. Eines Tages beispielsweise von einer Pariser Frau, die, um mir vier Sous Briefporto zu ersparen, mir dafür fast vier

me l'envoya à Montmorency par un domestique. Je lui donnai à dîner et un écu pour sa peine. C'était bien la moindre chose, il avait fait le chemin à pied, et il venait pour moi. Quant à la rue Plâtrière, c'est la première rue où j'ai logé en arrivant à Paris ; c'est une affaire d'habitude : il y a vingt-cinq ans que j'y demeure. »

Après avoir jeté un coup d'œil sur les événements de sa vie, passons à sa constitution physique. Dans la plupart de ses voyages, il aimait à aller à pied, mais cet exercice n'avait jamais pu l'accoutumer à marcher sur le pavé. Il avait les pieds très sensibles.

« Je ne crains pas la mort, disait-il, mais je crains la douleur. »

Cependant, il était très vigoureux ; à soixante-dix ans, il allait après midi aux prés Saint-Gervais, où il faisait le tour du bois de Boulogne, sans qu'à la fin de cette promenade il parût fatigué. Il avait eu des fluxions aux dents qui lui en avaient fait perdre une partie. Il en faisait passer la douleur en mettant de l'eau très froide dans sa bouche. Il avait observé que la chaleur des aliments occasionne les maux de dents, et que les animaux qui boivent et mangent froid les ont fort saines. J'ai vérifié la bonté de son remède et de son observation, car les peuples du nord, entre autres les Hollandais, ont presque tous les dents gâtées par l'usage du thé qu'ils boivent très chaud, et les paysans de mon pays les ont très blanches. Dans sa jeunesse, il eut des palpitations si fortes qu'on entendait les battements de son cœur de l'appartement voisin :

« J'étais alors amoureux, me dit-il. Je fus trouver à Montpellier, M. Fitse, fameux médecin ; il me regarda en riant, et, en me frappant sur l'épaule : "Mon bon

Francs Auslagen verursachte. Sie schickte mir den Brief durch einen Boten nach Montmorency. Ich spendierte ihm ein Abendessen und einen Ecu für seine Mühe. Das war das Mindeste, schließlich war er zu Fuß extra zu mir gekommen. Was die Rue Plâtrière betrifft, so ist dies die Straße, in der ich seit meiner Ankunft in Paris wohne; das ist Gewohnheitssache: ich lebe seit fünfundzwanzig Jahren dort. »

Nachdem wir einen Blick auf seine Lebensumstände geworfen haben, wollen wir uns seiner körperlichen Verfassung zuwenden. Bei den meisten seiner Reisen ging er gern zu Fuß, aber diese Ausübung konnte ihn nie ans Straßenpflaster gewöhnen. Er hatte sehr empfindliche Füße.

«Den Tod fürchte ich nicht», sagte er, «aber ich fürchte den Schmerz.»

Er war indessen sehr rüstig; mit siebzig Jahren ging er nachmittags in die Wiesen von Saint-Gervais oder machte eine Runde im Bois de Boulogne, ohne nach dem Spaziergang erschöpft zu wirken. Infolge von Entzündungen hatte er einen Teil seiner Zähne verloren. Um den Schmerz zu lindern, nahm er sehr kaltes Wasser in den Mund. Ihm war aufgefallen, dass heiße Speisen Zahnschmerzen verursachen und dass die Tiere, die kalte Nahrung fressen und trinken, sehr gesunde Zähne haben. Ich habe die Wirksamkeit seiner Methode und seiner Beobachtung überprüft, denn die nordischen Völker, unter anderen die Holländer, haben fast alle schlechte Zähne durch die Angewohnheit, sehr heißen Tee zu trinken, während die Bauern bei uns ganz weiße Zähne haben. In seiner Jugend hatte er so starken Pulsschlag, dass man das Pochen seines Herzens von der Nachbarwohnung aus hörte:

«Damals war ich verliebt», sagte er mir, «ich suchte in Montpellier den berühmten Arzt Dr. Fitse auf; er schaute mich lachend an und riet mir mit einem Schulterklopfen:

ami, me dit-il, buvez-moi de temps en temps un bon verre de vin." »

Il appelait les vapeurs *la maladie des gens heureux.*

« Les vapeurs de l'amour sont douces, lui dis-je, mais si vous aviez éprouvé avec elles celles de l'ambition, vous en jugeriez peut-être autrement. »

Il en avait de temps à autre quelque ressentiment. Il m'a conté qu'il n'y avait pas longtemps, il avait cru mourir un jour qu'il était dans le cul-de-sac Dauphin sans en pouvoir sorti, à cause que la porte des Tuileries était fermée derrière lui, et que l'entrée de la rue était barrée par des carrosses; mais, dès que le chemin fut libre, son inquiétude se dissipa. Il avait appliqué à ce mal le seul remède qui convienne à tous les maux : d'en ôter la cause. Il s'abstenait de méditations, de lectures et de liqueurs fortes. Les exercices du corps, le repos de l'âme et la dissipation, avaient achevé d'en affaiblir les effets. Il fut longtemps affligé d'une descente et d'une rétention d'urine, qui l'obligèrent d'user de bandages et d'une sonde. Comme il vivait à la campagne, et presque toujours seul dans les bois, il imagina de porter une robe longue et fourrée pour cacher son incommodité; et comme, dans cet état, une perruque était peu commode, il se coiffa d'un bonnet; mais d'un autre côté, cet habillement paraissant extraordinaire aux enfants et aux badauds qui le suivaient partout, il fut obligé d'y renoncer. Voilà comme on a attribué à l'esprit de singularité ce prétendu habit d'Arménien que ses infirmités lui avaient rendu nécessaire.

Il se guérit, à la fin, de ses maux en renonçant à la médecine et aux médecins. Il ne les appelait pas même dans les accidents les plus imprévus. En 1770, à la fin de l'automne, en descendant le soir la pente de Ménil-montant, un de ces grands chiens danois que la vanité

‹Guter Freund, trinken Sie ab und zu ein ordentliches Glas Wein.›»

Er nannte Wallungen die *Krankheit der Glücklichen.*

«Liebeswallungen sind süß», entgegnete ich, «aber wenn Sie dabei gleichzeitig Wallungen von Ehrgeiz empfunden hätten, würden Sie heute darüber vielleicht anders denken.»

Von Zeit zu Zeit machte ihm das doch zu schaffen. Er erzählte mir, dass er vor kurzem einmal zu sterben glaubte, als er in die Sackgasse Dauphin geriet und nicht wieder heraus konnte, weil das Tuilerientor hinter ihm geschlossen und die Straße von Kutschen versperrt war; sobald der Weg jedoch frei wurde, verflog seine Beunruhigung. Er hatte gegen dieses Übel das einzige Heilmittel angewendet, das gegen alle Leiden hilft: die Ursache beseitigen. Er gewöhnte sich Grübeleien, Lektüre und starke Liköre ab. Körpertraining, Seelenruhe und Zerstreuung hatten schließlich die Auswirkungen abgeschwächt. Er litt lange an Inkontinenz und Harnverhaltung, die ihn zwangen, Einlagen und einen Katheter zu benutzen. Da er auf dem Land und fast immer allein in den Wäldern lebte, kam er auf die Idee, ein langes gefüttertes Kleid zu tragen, um seine Beschwerden zu verhüllen; und da unter diesen Umständen eine Perücke unpraktisch war, setzte er eine Mütze auf; andererseits wirkte dieser Aufzug auf Kinder und Gaffer, die ihm überall folgten, so ausgefallen, dass er darauf verzichten musste. So schrieb man diese angebliche Armenierrobe, die doch nur wegen seiner körperlichen Gebrechen notwendig geworden war, seinem Außenseitergeist zu.

Er wurde schließlich gesund, indem er auf Medikamente und Ärzte verzichtete. Nicht einmal bei den überraschendsten Unfällen zog er sie hinzu. 1770 im Spätherbst, als er am Abend den Hügel von Ménilmontant hinunterging, wurde er von einem der großen dänischen Hunde umgeris-

des riches fait courir dans les rues au-devant de leurs carrosses, pour le malheur des gens de pied, le renversa si rudement sur le pavé qu'il en perdit toute connaissance; des gens charitables qui passaient le relevèrent : il avait la lèvre supérieure fendue, le pouce de la main gauche tout écorché; il revint à lui; on voulut lui chercher une voiture : il n'en voulut point de peur d'y être saisi du froid. Il revient chez lui à pied; une médecin accourt : il le remercia de son amitié, mais il refusa son secours; il se contenta de laver ses blessures qui, au bout de quelques jours, se cicatrisèrent parfaitement. « C'est la nature, disait-il, qui guérit : ce ne sont pas les hommes. »

Dans les maladies intérieures il se mettait à la diète, et voulait être seul, prétendant que alors le repos et la solitude étaient aussi nécessaires au corps qu'à l'âme.

Son régime en santé l'a maintenu frais, vigoureux et gai jusqu'à la fin de sa vie. Il se levait à cinq heures du matin en été, se mettait à copier de la musique jusqu'à sept heures et demie; alors il déjeunait et, pendant le déjeuner, il s'occupait à arranger sur des papiers les plantes qu'il avait cueillies l'après-midi de la veille; après déjeuner il se remettait à copier de la musique. Il dînait à midi et demi. A une heure et demie il allait prendre du café, assez souvent au café des Champs-Elysées où nous nous donnions rendez-vous. Ce café était un petit pavillon du jardin de Mme la duchesse de Bourbon qui avait été un cabinet de bain de la marquise de Pompadour. Ensuite il allait herboriser dans les campagnes, le chapeau sous le bras en plein soleil, même dans la canicule. Il prétendait que l'action du soleil lui faisait du bien.

Autant il aimait le soleil, autant il craignait la pluie; quand il pleuvait il ne sortait point.

« Je suis, me disait-il en riant, tout le contraire du

sen, die eitle Reiche zum Leidwesen der Fußgänger in den Straßen vor ihren Kutschen her laufen lassen, und stürzte so heftig aufs Pflaster, dass er bewusstlos wurde; hilfsbereite Spaziergänger richteten ihn auf: die Oberlippe war eingerissen, der Daumen der linken Hand ganz abgeschürft; er kam wieder zu sich; man wollte ihm einen Wagen besorgen: er lehnte dies ab aus Angst, sich darin zu verkühlen. Er ging zu Fuß nach Hause; ein Arzt eilte herbei: Rousseau dankte für die Freundlichkeit, lehnte aber seine Hilfe ab; er begnügte sich damit, seine Wunden auszuwaschen, die nach einigen Tagen tadellos verheilten. «Die Natur heilt», sagte er, «nicht die Menschen.»

Für die inneren Krankheiten verordnete er sich Diät und wollte alleine sein, weil er meinte, Ruhe und Zurückgezogenheit brauche der Körper ebenso sehr wie die Seele.

Seine gesunde Lebensweise hielt ihn frisch, rüstig und vergnügt bis ans Lebensende. Im Sommer stand er morgens um fünf Uhr auf und schrieb bis halb acht Uhr Noten ab; dann frühstückte er und ordnete währenddessen auf Papierbogen die Pflanzen an, die er am vorhergehenden Nachmittag gepflückt hatte; nach dem Frühstück machte er sich wieder ans Notenkopieren. Um halb eins aß er zu Mittag, eine Stunde später ging er Kaffeetrinken, recht oft ins *Café des Champs-Elysées*, wo wir uns verabredet hatten. Dieses Café war ein Pavillon im Garten der Herzogin von Bourbon, der früher der Pompadour als Badeeinrichtung diente. Danach ging er botanisieren in den Fluren, in der prallen Sonne mit dem Hut unter dem Arm, sogar an den Hundstagen. Er behauptete, die Wirkung der Sonne tue ihm wohl.

So sehr er die Sonne liebte, so sehr scheute er den Regen. Bei Regen ging er nicht aus.

«Ich bin das Gegenteil des Regenmännchens am Schwei-

petit bonhomme du baromètre suisse : quand il rentre, je sors, et quand il sort, je rentre. »

Il était de retour de la promenade un peu avant la fin du jour ; il soupait et se couchait à neuf heures et demie. Tel était l'ordre de sa vie. Ses goûts étaient aussi simples et aussi naturels.

Il mangeait de tous les aliments à l'exception des asperges, parce qu'il avait éprouvé qu'elles offensent la vessie. Il aimait beaucoup les fèves de marais quand elles ont leur grosseur naturelle, et que toutefois elles sont encore tendres. Il m'a raconté que dans les premiers temps qu'il vint à Paris, il soupait avec des biscuits ; il y avait alors deux fameux pâtissiers au Palais-Royal chez lesquels beaucoup de personnes allaient faire leur repas du soir. L'un d'eux mettait du citron dans ses biscuits, et l'autre n'y en mettait pas. Celui-ci passait pour le meilleur.

« Autrefois, me disait-il, nous buvions, ma femme et moi, un quart de bouteille de vin à notre souper ; ensuite est venue la demie bouteille ; à présent nous buvons la bouteille toute entière. Cela nous réchauffe. »

Au demeurant, personne n'était plus sobre que Rousseau. Dans nos promenades, c'était toujours moi qui lui faisais la proposition de goûter. Il l'acceptait, mais il fallait absolument qu'il payât la moitié de la dépense ; et, si je la payais à son insu, il refusait les semaines suivantes de venir avec moi. « Vous manquez, disait-il, à nos engagements. »

Ses yeux n'étaient pas moins continents que son goût. Jamais il ne fixait une femme, quelque jolie qu'elle fût. Son regard était assuré, et même perçant, lorsqu'il était ému ; mais jamais il ne l'arrêtait que sur celui de l'homme auquel il voulait se communiquer. Ce cas rare excepté, il ne s'occupait dans les rues qu'à en sortir sûrement et promptement. Je lui disais un

zer Barometer», sagte er mir lachend, «wenn es hineingeht, gehe ich aus; wenn es herauskommt, kehre ich heim.»

Kurz vor Sonnenuntergang kam er vom Spaziergang zurück, aß zu Abend und legte sich um halb zehn Uhr schlafen. So war sein Leben geordnet. Und ebenso einfach und natürlich waren seine Ernährungsgewohnheiten.

Er aß alle Nahrungsmittel außer Spargel, da er herausgefunden hatte, dass er die Blase belastet. Sehr gern mochte er zur natürlichen Dicke herangereifte, aber noch zarte Saubohnen. Er hat mir erzählt, dass er in seiner ersten Pariser Zeit abends Gebäck aß; es gab damals im Palais-Royal zwei berühmte Konditoreien, wo viele Leute ihr Abendessen einnahmen. Der eine Konditor verwendete für sein Gebäck Zitrone, der andere nicht; dieser galt als der bessere.

«Früher», erzählte er, «tranken meine Frau und ich eine Viertelflasche Wein zum Abendessen; dann wurde daraus eine halbe Flasche; jetzt trinken wir die ganze Flasche leer. Das wärmt uns.»

Im übrigen war niemand maßvoller als Rousseau. Auf unseren Spaziergängen war immer ich derjenige, der zum Einkehren aufforderte. Er ging darauf ein, bestand aber darauf, dass er die halbe Zeche bezahlte; und wenn ich ohne sein Wissen die Rechnung beglich, lehnte er in den folgenden Wochen ab, mit mir zu kommen. «Sie stehen nicht zu unseren Abmachungen», sagte er.

Seine Augen waren genau so enthaltsam wie sein Geschmack. Nie starrte er eine Frau an, so hübsch sie auch war. Sein Blick war fest, ja sogar durchdringend, wenn er erschüttert war; aber er richtete ihn nur auf den Menschen, mit dem er Kontakt aufnehmen wollte. Von dieser seltenen Ausnahme abgesehen, hatte er auf der Straße nur ein Ziel – sie so schnell wie möglich und sicher zu verlassen. Ich wies ihn eines Tages

jour son indifférence pour les objets devant lesquels nous passions :

« Vous ressemblez à Xénocrate qui pensait que de jeter les yeux dans la maison d'autrui c'était autant que d'y mettre les pieds.

– Oh ! c'est un peu trop fort ! » répondit-il.

Le spectacle des hommes, loin de lui inspirer de la curiosité, la lui aurait ôtée. J'ai souvent remarqué sur son front un nuage qui s'éclaircissait à mesure que nous sortions de Paris et qui se reformait à mesure que nous nous en rapprochions. Mais quand il était une fois dans la campagne son visage devenait gai et serein :

« Enfin, nous voilà, disait-il, hors des carrosses, du pavé et des hommes. »

Il aimait surtout la verdure des champs.

« J'ai dit à ma femme, me disait-il : quand tu me verras bien malade et sans espérance d'en revenir, fais-moi porter au milieu d'une prairie : sa vue me guérira. »

Il ne voyait pas de fort loin, et pour apercevoir les objets éloignés il s'aidait d'une lorgnette. Mais de près il distinguait dans le calice des plus petites fleurs des parties que j'y voyais à peine avec une forte loupe. Il aimait l'aspect du mont Valérien, et, quelquefois, au coucher du soleil, il s'arrêtait à le considérer sans rien dire, non pas seulement pour y observer les effets de la lumière mourante au milieu des nuages et des collines d'alentours, mais parce que cette vue lui rappelait les beaux couchers du soleil dans les montagnes de la Suisse.

Il avait l'ouïe fine et juste, ainsi que la voix. Il disait que la musique lui était aussi nécessaire que le pain. Mais quand il voulait chanter en s'accompagnant de

auf seine Gleichgültigkeit gegenüber den Dingen hin, an denen wir vorübergingen:

«Sie gleichen Xenokrates, der meinte, das Haus eines anderen Menschen neugierig zu betrachten, bedeute schon, es zu betreten.»

«Ach», entgegnete er, «das ist doch reichlich übertrieben!»

Die Geschäftigkeit der Menschen forderte nicht im geringsten seine Neugierde heraus, sie hätte sie ihm eher genommen. Oft bemerkte ich auf seiner Stirn eine Verdüsterung, die sich in dem Maße aufhellte, wie wir Paris den Rücken kehrten, und die erneut auftauchte, sobald wir uns der Stadt wieder näherten. Wenn er aber auf dem Land war, wurde sein Gesicht fröhlich und heiter:

«Endlich sind wir da», sagte er, «fern von Kutschen, Straßenpflaster und Menschen.»

Er mochte vor allem die grünen Fluren.

«Ich habe meiner Frau gesagt,» erklärte er mir, «wenn du mich recht krank und ohne Hoffnung auf Genesung siehst, so lass mich mitten auf eine Wiese bringen: der Anblick wird mich gesund machen.»

In die Ferne sah er nicht gut und bediente sich eines Opernglases, um entfernte Dinge zu betrachten. Aber von Nahem erkannte er im Blütenkelch der kleinsten Blumen Einzelheiten, die ich mit einer starken Lupe kaum sah. Er betrachtete gern den Mont Valérien und blieb manchmal beim Sonnenuntergang ins Schauen vertieft stehen, nicht nur um die Wirkung des verlöschenden Lichtes inmitten der Wolken und umgebenden Hügel zu beobachten, sondern auch, weil ihn dieser Anblick an die schönen Sonnenuntergänge in den Schweizer Bergen erinnerte.

Er hatte ein feines und genaues Gehör, und so war auch seine Stimme. Er sagte, Musik sei für ihn so lebensnotwendig wie Brot. Aber wenn er am Spinett sich selbst begleitend singen wollte, um mir einige selbstkomponierte Melodien vor-

son épinette pour me répéter quelques airs de sa composition, il se plaignait de sa mauvaise voix cassée.

Nous nous arrêtions quelquefois avec délices pour entendre le rossignol.

« Nos musiciens, me faisait-il observer, ont tous imité ses hauts et ses bas, ses roulades et les caprices ; mais ce qui le caractérise, ses piou-piou prolongés, ses sanglots, ses sons gémissants qui vont à l'âme et qui traversent tout son chant, c'est ce qu'aucun d'eux n'a su exprimer. »

« Pourquoi n'écrivez-vous plus ?

– Plût à Dieu que je n'eusse jamais écrit ! C'est là l'époque de mes malheurs. Fontenelle me l'avait bien prédit. Il me dit quand il vit mes essais : "Je vois où vous irez, mais souvenez-vous de mes paroles : Je suis un des hommes qui ont le plus joui de sa réputation : elle m'a valu des pensions, des places, des honneurs et la considération ; avec tout cela, jamais aucun de mes ouvrages ne m'a procuré autant de plaisir qu'il ne m'a occasionné de chagrin. Dès que vous aurez pris la plume, vous perdrez le repos et le bonheur." Il avait bien raison. Je ne les ai retrouvés que depuis que je l'ai quittée ; il y a dix ans que je n'ai rien écrit. »

zuspielen, beklagte er sich über seine schlechte, brüchige Stimme.

Manchmal hielten wir verzückt inne, um der Nachtigall zu lauschen.

«Unsere Musiker», bemerkte er einmal, «ahmten alle ihre Höhen und Tiefen, ihre Triller und Kapriolen nach; aber das Charakteristische, ihre langgezogenen Töne, ihr Schluchzen, ihr Stöhnen, das die Seele berührt und ihren ganzen Gesang durchzieht, das konnte keiner von ihnen in Töne umsetzen.»

«Warum schreiben Sie nicht mehr?»

«Gebe Gott, ich hätte nie geschrieben! Da nimmt mein Unglück seinen Anfang. Fontenelle hatte es mir ja vorausgesagt. Als er meine Essais sah, sagte er: ‹Ich sehe, wie weit Sie es bringen werden, aber erinnern Sie sich an meine Worte: Ich gehöre zu den Menschen, die ihren Ruf am meisten genießen konnten: er brachte mir Pensionen, Ämter, Ehrungen und Ansehen ein; trotz allem hat keines meiner Werke mir jemals so viel Freude verschafft wie es mir Kummer bereitete. Sobald Sie zur Feder greifen, verlieren Sie die Ruhe und das Glück.› Er hatte wohl Recht. Ich fand beides erst wieder, seitdem ich die Feder weggelegt habe; seit zehn Jahren habe ich nichts mehr geschrieben.»

Germaine de Staël
par Alphonse de Lamartine

Deux jours après, je désirai profiter du voisinage
pour voir au moins avant sa mort Mme de Staël, ob-
jet à la fois de mon antipathie à cause de son père et
de mon enthousiasme à cause d'elle même. Coppet,
séjour de M. Necker, avait été acheté avant lui par
mon grand-père qui l'avait gardé quelque temps sans
l'habiter; mais le canton de Berne, féodal alors, refu-
sant d'accorder le droit de propriété aux catholiques,
il l'avait rétrocédé à je ne sais plus qui, et avait
acheté à la place le beau château d'Ursy en Bour-
gogne. J'étais curieux de voir Coppet; mais j'étais curieux surtout d'en apercevoir les célèbres habitants,
pour lesquels j'étais plein d'une respectueuse admiration, toute semblable à un culte pour la liberté et
pour le génie. Si j'avais été moins timide, il m'eût
été facile de voir au moins Mme de Staël en me pré-
sentant aux portes de Coppet; mais, indépendamment
de cette timidité qui ne cède qu'à de grandes occasions dominant les petites circonstances, une autre
raison me retenait : cette raison, je n'osais pas la dire.
Je connaissais le royalisme du château de Vincy où je
recevais une si attrayante hospitalité. Je connaissais
par l'histoire les sentiments semi-révolutionnaires
que M. Necker, ministre amphibie d'une monarchie
livrée à la révolution, avait dû transmettre à sa fille.
Je pensais en moi-même qu'il serait peu convenable
à moi, hôte des Vincy, d'aller me présenter au château de Coppet, comme pèlerin de la tombe de M.
Necker qu'il m'était impossible d'aimer.

Germaine de Staël
von Alphonse de Lamartine

Nach zwei Tagen wollte ich die geographische Nähe nutzen, um wenigstens einmal vor ihrem Tod Madame de Staël zu sehen, die wegen ihres Vaters Gegenstand meiner Ablehnung, wegen ihr selbst aber gleichzeitig Ziel meiner Begeisterung war. Schloss Coppet, Wohnsitz von Monsieur Nekker, hatte zuvor meinem Großvater gehört, der den Besitz eine Zeitlang behalten hatte, ohne ihn zu bewohnen; aber da der Kanton Bern als Mitglied der Eidgenossenschaft Katholiken das Recht auf Grundbesitz verwehrte, hatte er Coppet verkauft – ich weiß nicht mehr, an wen – und statt dessen in Burgund das schöne Schloss Ursy gekauft. Ich war neugierig, Coppet zu sehen; vor allem jedoch interessierten mich die berühmten Bewohner, für die ich viel untertänige Bewunderung hegte, so etwas wie einen Freiheits- und Geniekult. Wäre ich weniger schüchtern gewesen, hätte ich zumindest Madame de Staël ohne Schwierigkeiten sehen können, indem ich mich in Coppet vorgestellt hätte; aber ungeachtet dieser Schüchternheit, die nur bei großen Ereignissen den hinderlichen Umständen weicht, hielt mich etwas anderes zurück: ich wagte nicht zu äußern, was. Ich wusste um die Königstreue von Schloss Vincy, wo mir so viel aufmerksame Gastfreundschaft zuteil geworden war. Aus der Geschichte kannte ich die halb-revolutionären Gefühle, die Monsieur Necker als Wendeminister einer der Revolution ausgelieferten Monarchie auf seine Tochter übertragen haben musste. So hielt ich es für wenig angebracht, als Gast von Familie Vincy im Schloss Coppet vorzusprechen, sozusagen als Pilger zum Grab von Monsieur Necker, den ich nicht mögen konnte.

«Ce serait manquer à deux personnes, me disais-je, à Mme de Vincy et à moi-même. N'y allons pas. »

Seulement, comme la grande route est à tout le monde, un regard soulage le cœur et n'engage pas. Je savais que Mme de Staël allait deux fois par semaine à Genève avec quelques femmes de sa société, parmi lesquelles deux très belles personnes : l'une, Mme Récamier, son amie, exilée comme elle des lieux habités par l'empereur ; l'autre, Mlle de Constant, Allemande du plus grand éclat. Mais, à cette époque, la splendeur du génie éteignait dans mon âme tout autre désir. Je ne voyais dans Mme de Staël, cherchant ce cadre de beautés pour sa laideur, qu'une absence totale d'envie, avec le sentiment supérieur de la beauté intellectuelle du génie sur la beauté matérielle du corps. Je l'en admirais davantage.

Je me levais donc de très grand matin un samedi, jour qu'on m'avait indiqué pour celui où elle faisait ordinairement cette course à Genève, et muni d'un morceau de pain, j'allai me cacher sur la route de Coppet à Genève, dans un fossé du grand chemin où sa voiture devait nécessairement passer. J'y restai depuis neuf heures du matin jusqu'à deux heures de l'après-midi, caché par les arbustes du bord du chemin, occupé à lire *Corinne*, un des ouvrages de la Sapho moderne, et prêtant l'oreille au moindre bruit de voiture qui venait du côté de Coppet. Malgré l'intérêt poétique du livre sur l'Italie, la journée ma paraissait un peu longue, et je me disposais à quitter mon poste d'observation, quand j'entendis enfin le roulement de deux voitures qui ne me laissèrent plus de doute. Elles passèrent comme le vent ; la première ne contenait que deux hommes accompagnant

«Damit würde ich», so sagte ich mir, «zwei Personen verletzen: Madame de Vincy und mich selbst. Also, lassen wir es!»

Die Landstraße jedoch gehört allen, ein Blick erleichtert das unruhige Herz und verpflichtet zu nichts. Ich wusste, dass Madame de Staël sich zweimal wöchentlich nach Genf begab mit einigen Damen der Gesellschaft, darunter zwei sehr schönen Gestalten: die eine war ihre Freundin Madame Récamier, gleich ihr verbannt aus den vom Kaiser beanspruchten Gebieten; die andere war Mademoiselle de Constant, eine Deutsche von auffallender Schönheit. Aber zu jener Zeit brachte Geistesgröße jeden anderen Wunsch in meiner Seele zum Schweigen. Ich sah in Madame de Staël, die ihre Hässlichkeit mit so viel Schönheit zu umrahmen suchte, nur das völlige Fehlen von Lust zugunsten einer Überlegenheit der geistigen Schönheit über die stoffliche Schönheit des Körpers. Dafür bewunderte ich sie um so mehr.

Ich stand also sehr früh auf an einem Samstagmorgen, da dies, wie man mir sagte, der gewohnte Tag war für die Fahrt nach Genf; ich steckte ein Stück Brot ein und verbarg mich im Straßengraben an der Chaussee von Coppet nach Genf, wo ihr Wagen unweigerlich vorbeikommen musste. Dort blieb ich von morgens neun Uhr bis nachmittags zwei Uhr im Schutz des Gebüschs am Straßenrand, las den Roman *Corinne*, ein Werk aus der Feder dieser modernen Sappho, und lauschte auf ein noch so geringes Wagengeräusch aus Richtung Coppet. Trotz des dichterischen Reizes des Italienbuches wurde mir der Tag etwas lang, und ich wollte gerade meinen Beobachtungsposten verlassen, als ich zwei Wagen heranrollen hörte, die mir jeden Zweifel nahmen. Wie der Wind flogen sie vorüber; im ersten saßen nur zwei Herren, die Mademoiselle de Constant begleiteten, eine Prachtsperson im besten Alter. Sie erhaschte von mir

Mlle de Constant, superbe personne à la fleur de l'âge. Elle n'emporta de moi qu'un regard et un cri muet d'admiration. La seconde, calèche découverte, contenait deux femmes que je ne pus que reconnaître : l'une était Mme Récamier, dont la tête angélique ne pouvait pas porter d'autre nom que le sien et qu'un regard suffisait pour retenir à jamais ; mais sa beauté m'éblouit sans me distraire ; la deuxième enfin, qui parlait à haute voix à sa compagne souriante, était celle que je cherchais. Mes regards s'y attachèrent à loisir, car les chevaux semblaient se ralentir à dessein devant une légère montée de la grand route. Elle était, selon son habitude, coiffée d'un turban des Indes dont les couleurs variées donnaient des reflets magiques à son front. Ce front était large et élevé comme pour laisser rouler librement un monde d'idées et d'images. Il ombrageait à peine deux yeux proéminents d'une forme et d'un éclat splendides. Ses yeux étaient toute sa physionomie ; ils parlaient plus que sa bouche. Son nez était court et fin ; ses lèvres épaisses et ouvertes, fait pour l'éloquence ou pour l'amour ; son teint pâle, mais animé par la perpétuelle inspiration. Ses bras, sans cesse en mouvement et à demi nus, étaient blancs et magnifiques. Toute sa personne, un peu grosse, n'avait pas besoin de grâce pour séduire, elle entraînait.

La montée finissait, les chevaux reprirent le trot. Je ne vis plus que la poussière que les roues élevaient sur sa trace. Le génie avait passé dans son cortège de beauté ; mais on ne voyait plus que le génie. Je n'achevai pas le volume, j'avais vu l'auteur !

nur einen Blick und einen stummen Seufzer der Bewunderung. Der zweite Wagen, eine offene Kutsche, war mit zwei Damen besetzt, die ich erkennen musste: die eine war Madame Récamier, deren Engelskopf keinen anderen Namen tragen konnte als den ihren, und den man nach einem einzigen Blick nie mehr vergaß; ihre Schönheit blendete mich zwar, ohne jedoch abzulenken; die zweite Dame, die sich laut mit der lächelnden Begleiterin unterhielt, war schließlich die, die ich suchte. Meine Blicke verweilten auf ihr nach Herzenslust, denn die Pferde schienen vor einer langen Steigung der Landstraße absichtlich langsamer zu gehen. Wie gewohnt trug sie einen indischen Turban, dessen bunte Farben ihrer Stirn einen zauberhaften Schimmer verliehen. Diese Stirn war breit und hoch, wie geschaffen, um eine Gedanken- und Bilderwelt sich frei entfalten zu lassen. Sie verdeckte nur ein wenig zwei hervorspringende Augen von prächtigem Schnitt und Glanz. Ihr Gesicht war von den Augen beherrscht, und die waren sprechender als der Mund. Ihre Nase war kurz und fein; ihre Lippen waren voll und geöffnet, wie gemacht für die Redekunst und für die Liebe; ihre Miene war blass, aber belebt durch immer neue Einfälle. Ihre Arme, halb entblößt und ständig in Bewegung, waren weiß und bezaubernd. Die ganze etwas üppige Gestalt brauchte keine Anmut zum Verführen, sie riss einen mit.

Die Steigung war zu Ende, die Pferde fielen wieder in Trab. Ich sah nur noch den Staub, den die Räder über der Spur aufwirbelten. Das Genie war in seinem Schönheitsgeleit vorübergezogen; aber jetzt sah man nur noch das Genie. Ich las das Buch nicht zu Ende: ich hatte die Autorin gesehen!

Madame Récamier
par Charles Augustin Sainte-Beuve

Au moment où elle apparaît brillante sous le Consulat, nous la voyons aussitôt entourée, admirée et passionnément aimée. Lucien, le frère du Consul, est le premier personnage historique qui l'aime (car je ne puis compter Barrère, qui l'avait connue enfant autrefois). Lucien aime, il n'est pas repoussé, il ne sera jamais accueilli. Voilà la nuance. Il en sera ainsi de tous ceux qui vont se presser alors, comme de tous ceux qui succéderont. Je voyais dernièrement, dans le palais du feu roi de Hollande, à La Haye, une fort belle statue d'Eve. Eve, dans sa première fleur de jeunesse, est en face du serpent qui lui montre la pomme : elle la regarde, elle se retourne à demi vers Adam, elle a l'air de consulter. Eve est dans cet extrême moment d'innocence où l'on joue avec le danger, où l'on en cause tout bas avec soi-même ou avec un autre.

Eh bien ! ce moment indécis, qui chez Eve ne dura point et qui tourna mal, recommença souvent et se prolongea en mille retours dans la jeunesse brillante et parfois imprudente dont nous parlons ; mais toujours il fut contenu à temps et dominé par un sentiment plus fort, par je ne sais quelle secrète vertu. Cette jeune femme, en face de ces passions qu'elle excitait et qu'elle ignorait, avait des imprudences, des confiances, des curiosités presque d'une enfant ou d'une pensionnaire. Elle allait au péril en souriant, avec sécurité, avec charité, en peu comme ces rois très chrétiens du vieux temps, un jour de semaine sainte,

Madame Récamier
von Charles Augustin Sainte-Beuve

Sobald sie zu der Zeit, als Napoleon Konsul war, strahlend auf der Bildfläche erscheint, sehen wir sie sogleich umkreist, bewundert und leidenschaftlich begehrt. Lucien, der Bruder des Konsuls, ist der erste Vertreter der Zeitgeschichte, der sie liebt (denn Barrère, der sie schon als Kind kannte, zählt nicht). Lucien liebt, er wird nicht abgewiesen, aber auch nie erhört. Das ist der feine Unterschied. So ergeht es allen, die damals herandrängen, genauso wie denen, die später nachfolgen werden. Ich sah kürzlich, in Den Haag, im Palast des verstorbenen holländischen Königs eine sehr schöne Statue von Eva. In ihrer ersten blühenden Jugend befindet sich Eva gegenüber der Schlange, die ihr den Apfel zeigt: Sie schaut ihn an, halb Adam zugewandt, als wollte sie ihn befragen. Eva verharrt in diesem prekären Augenblick der Unschuld, in dem man mit der Gefahr spielt und ganz leise darüber mit sich selbst oder einem anderen spricht.

Nun ja, dieser unentschiedene Augenblick, der bei Eva nicht lange anhielt und schlecht ausging, wiederholte sich immer wieder und verlängerte sich in tausend Wendungen während der glänzenden und manchmal auch unvorsichtigen Jugend, um die es hier geht; aber immer wurde er rechtzeitig im Zaum gehalten und durch ein stärkeres Gefühl beherrscht, durch eine tiefsitzende Tugend. Diese junge Frau reagierte auf die Leidenschaften, die sie auslöste, unbesonnen, arglos und neugierig, fast wie ein Kind oder eine Internatsschülerin. Sie begab sich lächelnd in Gefahr, selbstsicher und voller Nächstenliebe, ein bisschen wie jene allerchristlichsten Könige aus alten Zeiten, die an einem Tag

allaient à certains malades pour les guérir. Elle ne doutait pas de son fait, de sa douce magie, de sa vertu. Elle tenait presque à vous blesser d'abord le cœur, pour se donner ensuite le plaisir et le miracle de vous guérir. Quand on se plaignait ou qu'on s'irritait, elle vous disait avec une désespérante clémence : « Venez, et je vous guérirai. » Et elle y a réussi pour quelques-uns, pour le plus grand nombre. Tous ses amis, à bien peu d'exceptions près, avaient commencé par l'aimer d'amour. Elle en avait beaucoup, et elle les avait presque tous gardés. M. de Montlosier lui disait un jour qu'elle pouvait dire comme de Cid : *Cinq cent de mes amis.* Elle était véritablement magicienne à convertir insensiblement l'amour en amitié, en laissant à celle-ci toute la fleur, tout le parfum du premier sentiment. Elle aurait voulu tout arrêter en *avril.* Son cœur en était resté là, à ce tout premier printemps où le verger est couvert de fleurs blanches et n'a pas de feuilles encore.

Je pourrais ici raconter de souvenir bien des choses, si ma plume savait être assez légère pour passer sur ces fleurs sans les faner. A ses nouveaux amis (comme elle voulait bien quelquefois les appeler), Mme Récamier parlait souvent et volontiers des années anciennes et des personnes qu'elle avait connues. « C'est une manière, disait-elle, de mettre du passé dans l'amitié. »

Sa liaison avec Mme de Staël, avec Mme Moreau, avec les blessés et les vaincus, la jeta de bonne heure dans l'opposition à l'Empire, mais il y eut un moment où elle n'avait pas pris encore de couleur. Fouché, voyant cette jeune puissance, eut l'idée de s'en faire un instrument. Il voulut faire entrer Mme Récamier, à l'origine, comme dame d'honneur dans la maison impériale ; il n'aimait pas la noblesse, et aurait désiré avoir là quelqu'un d'influent

der Karwoche einige Kranke besuchten, um sie zu heilen. Sie zweifelte nicht an ihrem Wesen, an ihrem sanften Zauber, an ihrer Tugend. Sie legte es beinahe darauf an, einem zunächst das Herz zu brechen, um dann den Genuss und das Wunder zu erleben, wie sie einen davon heilte. Wenn man sich beklagte oder erzürnte, sagte sie mit entwaffnender Großmut: «Kommen Sie, ich werde Sie trösten.» Und es gelang ihr bei einigen, sogar bei den meisten. Mit wenigen Ausnahmen hatten alle ihre Freunde sie anfänglich wirklich geliebt. Sie hatte viele und behielt sie fast alle. Monsieur de Montlosier äußerte eines Tages mir gegenüber, sie könne wie der Cid von *fünfhundert meiner Freunde* sprechen. Es gelang ihr tatsächlich das Zauberkunststück, unmerklich die Liebe in Freundschaft zu verwandeln und dieser die Frische und den Duft des ursprünglichen Gefühls zu erhalten. Wenn es nach ihr gegangen wäre, wäre immer *April*. Ihr Herz blieb bei diesem ersten Aufblühen im Frühling, wo der Obstgarten mit einem weißen Blütenschleier überzogen ist und noch keine Blätter hat.

Ich könnte hier aus der Erinnerung mancherlei erzählen, wenn meine Feder leicht genug wäre, um über diese Blüten hinwegzugleiten, ohne sie welken zu lassen. Mit neuen Freunden sprach Madame Récamier oft und absichtlich von vergangenen Zeiten und von Menschen, die sie kennengelernt hatte. «So kann man», meinte sie, «Vergangenheit in die Freundschaft einfließen lassen.»

Ihre Verbindung mit Madame de Staël und Madame Moreau, mit den Verwundeten und Besiegten, brachte sie schon früh in Konflikt mit dem Kaiserreich, aber es gab eine Zeit, wo sie noch nicht Farbe bekannt hatte. Fouché hatte den Gedanken, dieses junge Talent für sich zu nutzen. Er wollte Madame Récamier ursprünglich als Ehrendame ins Kaiserhaus einführen lassen; er mochte den Adel nicht und hätte dort gern jemand Einflussreichen und Er-

et de dévoué. Elle ne voulut pas se prêter à un tel rôle. Bientôt elle fut dans l'opposition, surtout par ses amis et par l'idée qu'on se faisait d'elle.

Elle n'y était pas encore, un jour qu'elle dînait chez une des sœurs de Bonaparte. On avait voulu la faire rencontrer avec le Premier Consul; il y était en effet. A table, elle devait être placée à côté de lui; mais, par un malentendu qui eut lieu au moment de s'asseoir, elle se trouva placée à côté de Cambacérès, et Bonaparte dit à celui-ci en plaisantant: «Eh bien! consul Cambacérès, toujours auprès de la plus jolie!»

Mme Récamier a conservé presque jusqu'à la fin ce rire enfant, ce geste jeune qui lui faisait porter son mouchoir à la bouche comme pour ne pas éclater. Mais dans la jeunesse, cette enfance de sentiments, avec le gracieux manège qui s'y mêlait, amena plus d'une fois (peut-on s'en étonner?) des complications sérieuses. Tous ces hommes attirés et épris n'étaient pas si faciles à conduire et à éluder que cette dynastie pacifiée des Montmorency. Il dut y avoir autour d'elle, à certaines heures, bien des violences et des révoltes dont cette douce main avait peine ensuite à triompher. En jouant avec ces passions humaines qu'elle ne voulait que charmer et qu'elle irritait plus qu'elle ne croyait, elle ressemblait à la plus jeune des Grâces qui se serait amusée à atteler des lions et à les agacer. Imprudente comme l'innocence, je l'ai dit, elle aimait le péril, le péril des autres, sinon le sien; et pourquoi ne le dirai-je pas aussi? A ce jeu hasardeux et trop aisément cruel, elle a troublé, elle si bonne, bien des cœurs; elle en a ulcéré, sans le vouloir, quelques-uns, non seulement d'hommes révoltés et aigris, mais de pauvres rivales, sacrifiées sans qu'elle le sût et blessées.

gebenen gehabt. Sie wollte eine solche Rolle nicht übernehmen. Bald gehörte sie zur Opposition durch ihre Freunde und durch die Meinung, die man sich von ihr machte.

Soweit war es noch nicht, als sie eines Tages bei einer von Bonapartes Schwestern zum Abendessen war. Man wollte für sie ein Treffen mit dem Ersten Konsul einfädeln; er war auch wirklich da. Bei Tisch sollte sie an seiner Seite sitzen; aber durch ein Missverständnis zum Zeitpunkt, als man sich setzte, fand sie ihren Platz neben Cambacérès, und Bonaparte wandte sich scherzend an diesen: « Aha, Konsul Cambacérès, immer neben der Allerhübschesten! »

Madame Récamier behielt fast bis zu ihrem Lebensende ihr kindliches Lachen, die mädchenhafte Art, wie sie das Taschentuch vor den Mund hielt, um nicht herauszuplatzen. Aber in der Jugend brachten sie diese kindlichen Gefühle, gepaart mit anmutiger Pfiffigkeit, mehr als einmal in ernsthafte Schwierigkeiten (ist das verwunderlich?). Nicht alle angelockten und verliebten Männer waren so leicht zu steuern und auszuschalten wie die friedfertige Sippe der Montmorency. Es muss zu gewissen Zeiten um sie herum allerlei Gewalt und Aufbegehren gegeben haben, woraus diese sanfte Hand nur mit Mühe siegreich hervorging. Indem sie mit den Leidenschaften der Menschen spielte, die sie nur erheitern wollte, aber mehr aufwühlte, als ihr bewusst war, glich sie der jüngsten der Grazien, die zum Spaß Löwen vorgespannt und sie dann gereizt haben soll. Wie gesagt, unvorsichtig wie die Unschuld liebte sie die Gefahr – die Gefahr für die anderen, solange es für sie nicht gefährlich wurde; und warum soll ich das nicht auch erwähnen? mit diesem gewagten und leichtfertig grausamen Spiel hat sie, diese gutmütige Person, so manche Herzen aufgewühlt; ohne es zu wollen, kränkte sie einige, nicht nur aufgebrachte und verbitterte Männer, sondern auch arme Rivalinnen, die, ohne dass sie davon wusste, geopfert und verletzt wurden.

Telle je la conçois dans le monde et le tourbillon, avant la retraite. Il y aurait à son sujet une suite de chapitres à écrire et je ne puis même esquisser. L'un de ces chapitres serait celui de ses relations et de son intimité avec Mme de Staël, deux brillantes influences si distinctes, bien souvent croisées, presque jamais rivales, et qui se complétaient si bien. Ce fut en 1807, au château de Coppet, chez Mme de Staël, que Mme Récamier vit le prince Auguste de Prusse, l'un des vaincus d'Iéna; elle l'eut bientôt vaincu et conquis à son tour, prisonnier royal, par habitude assez brusque et parfois embarrassant. Cette brusquerie même le trahissait. Un jour qu'il voulait dire un mot à Mme Récamier dans une promenade à cheval, il se retourna vers Benjamin Constant qui était de la partie : « Mme Constant, lui dit-il, si vous faisiez un petit temps de galop? » Et celui-ci de rire de la finesse allemande.

Il y aurait aussi un chapitre sur la liaison étroite avec Benjamin Constant, laquelle date seulement de 1814–1815. Les lettres de celui-ci, adressées à Mme Récamier, y aideraient beaucoup; mais elles seraient très insuffisantes, au point de vue de la vérité, si l'on n'y ajoutait la contrepartie, ce qu'il écrivait pour lui seul au sortir de là, et que bien des gens ont lu, et enfin si l'on n'éclairait le tout par les explications de moraliste qui ne se trouvent point d'ordinaire dans les plaidoiries des avocats. Mais cela me rappelle qu'il y a tout un fâcheux procès entamé à ce sujet, et j'ai hâte de me taire. Avant le chapitre de Benjamin Constant, il y aurait encore à faire celui du voyage d'Italie en 1813, le séjour à Rome, la liaison avec Canova, le marbre de celui-ci, qui, cette fois, pour être idéal, n'eut qu'à copier le modèle.

So sehe ich ihr Bild in der Welt und im Taumel, bevor sie sich zurückzog. Es gäbe noch viele Kapitel zu ihrer Person zu schreiben, die ich nicht einmal skizzieren kann. Eines davon beträfe ihre Beziehungen und ihre Vertrautheit mit Madame de Staël; es waren zwei glanzvoll einflussreiche, unterschiedliche Persönlichkeiten, oft gegensätzlicher Meinung, fast nie Rivalinnen, die sich so gut ergänzten. 1807 im Schloss von Coppet bei Madame de Staël traf Madame Récamier den Prinzen August von Preußen, einen der Verlierer von Jena; sie hatte ihn ihrerseits bald besiegt und erobert, den königlichen Gefangenen, der in seiner Art ziemlich schroff und manchmal lästig war. Gerade diese Schroffheit verriet ihn. Eines Tages, als er bei einem Ausritt Madame Récamier etwas sagen wollte, drehte er sich zu Benjamin Constant um, der dabei war, und empfahl ihm: «Herr Constant, Sie könnten doch einen kleinen Galopp einlegen!» Und dieser lachte über die deutsche Gerissenheit.

Es wäre auch ein Kapitel zu schreiben über das enge Verhältnis zu Benjamin Constant, das nur in den Jahren 1814–15 bestand. Die Briefe, die er an Madame Récamier schrieb, könnten da gut weiterhelfen; aber für die Wahrheitsfindung wären sie unzureichend; man müsste schon das Gegenstück hinzufügen, das er nach seinem Weggang für sich selbst aufgezeichnet hat, und das inzwischen eine Menge Leute gelesen haben, oder man müsste das Ganze anhand der Kommentare der Moralisten aufklären, die sich allerdings für gewöhnlich nicht in den Plädoyers der Anwälte finden. Aber das erinnert mich daran, dass zu diesem Thema ein recht unerfreulicher Prozess anhängig ist, und ich will schnell schweigen. Vor das Kapitel mit Benjamin Constant gehört noch das der Italienreise 1813, der Aufenthalt in Rom, das Verhältnis mit Canova, dessen kühler Marmor diesmal idealerweise nur als Vorbild hätte genommen werden müssen.

Quand Mme Récamier vit s'avancer l'heure où la beauté baisse et pâlit, elle fit ce que bien peu de femmes savent faire : elle ne lutta point ; elle accepta avec goût les premières marques du temps. Elle comprit qu'après de tels succès de beauté, le dernier moyen de paraître encore belle était de ne plus y prétendre. A une femme qui la revoyait après des années, et qui lui faisait compliment sur son visage : « Ah ! ma chère amie, répondait-elle, il n'y a plus d'illusion à se faire. Du jour où j'ai vu que les petits Savoyards dans la rue ne se retournaient plus, j'ai compris que tout était fini. » Elle disait vrai. Elle était sensible en effet à tout regard et à toute louange, à l'exclamation d'un enfant ou d'une femme du peuple tout comme à la déclaration d'un prince. Dans les foules, du bord de sa calèche élégante qui n'avançait qu'avec lenteur, elle remerciait chacun de son admiration par un signe de tête et par un sourire.

A deux époques, M. Récamier avait essuyé de grands revers de fortune : la première fois au début de l'Empire, la seconde fois dans les premières années de la Restauration. C'est alors que Mme Récamier se retira dans un appartement de l'Abbaye-aux-Bois, en 1819. Elle ne tint jamais plus de place dans le monde que quand elle fut dans cet humble asile, à une extrémité de Paris. C'est de là que son doux génie, dégagé des complications trop vives, se fit de plus en plus sentir avec bienfaisance. On peut dire qu'elle perfectionna l'art de l'amitié et lui fit faire un progrès nouveau : ce fut comme un bel art de plus qu'elle avait introduit dans la vie, et qui décorait, ennoblissait et distribuait tout autour d'elle. *L'esprit de parti* était alors dans sa violence. Elle désarmait les colères, elle adoucissait les aspérités, elle vous ôtait la rudesse et vous inoculait l'indulgence. Elle n'avait point

Als Madame Récamier die Stunde kommen sah, da die Schönheit nachlässt und verblasst, tat sie, was nur wenige Frauen fertigbringen; sie kämpfte nicht; sie nahm mit Haltung die ersten Anzeichen der Vergänglichkeit hin. Sie begriff, dass nach solchen Schönheitserfolgen das letzte Mittel, noch als schön zu gelten, darin bestand, nicht mehr danach zu streben. Einer Frau, die ihr nach Jahren wiederbegegnete und die ihr Komplimente über ihr Gesicht machte, antwortete sie: «Ach, liebe Freundin, man darf sich keine Illusionen machen. Von dem Tag an, da ich bemerkte, dass sich die jungen Savoyer auf der Straße nicht mehr nach mir umdrehten, wurde mir klar, dass alles vorbei ist.» Sie hatte recht. Sie war in der Tat empfänglich für jeden Blick, für jedes Lob, für den Ausruf eines Kindes oder einer einfachen Frau genauso wie für die Liebeserklärung eines Prinzen. Bei der Fahrt durch die Menge dankte sie jedem von ihrer langsam vorankommenden Kutsche aus mit einem Kopfnicken oder Lächeln für seine bewundernden Blicke.

In zwei Lebensabschnitten hatte Madame Récamier große Schicksalsschläge hinnehmen müssen: das erste Mal zu Beginn des Kaiserreichs, das zweite Mal in den Anfangsjahren der Restauration. 1819 zog sie sich daraufhin in eine Wohnung in der Abbaye-aux-Bois zurück. Nie nahm sie auf der Weltbühne größeren Raum ein als damals an diesem bescheidenen Zufluchtsort in einem abgelegenen Winkel von Paris. Von dort aus machte sich ihr sanftes Wesen, losgelöst von den aufreibenden Lebensumständen, mehr und mehr durch Wohltätigkeit bemerkbar. Man kann sagen, sie verfeinerte die Kunst der Freundschaft und gab ihr eine neue Dimension: es war, als hätte sie die schönen Künste um eine vermehrt und ins Leben eingeführt, die nun alles um sie herum schmückte, veredelte und weiter verteilte. Ihr Kampf richtete sich gegen Parteilichkeiten. Sie entwaffnete den Zorn, sie glättete die Ruppigkeit, sie nahm einem die Grob-

de repos qu'elle n'eût fait se rencontrer chez elle ses amis de bord opposé, qu'elle ne les eût conciliés sous une médiation clémente.

Il y avait décidément des choses qu'elle ne voulait pas voir et qui pour elle n'existaient pas. Elle ne croyait pas au mal. Dans son innocence obstinée, je tiens à le faire sentir, elle avait gardé de l'enfance. Faut-il s'en plaindre? Après tout, y aura-t-il encore un autre lieu dans la vie où l'on retrouve une bienveillance si réelle au sein d'une illusion si ornée et si embellie? La Rochefoucauld l'a dit: «On n'aurait guère de plaisir si on ne se flattait jamais.»

J'ai entendu des gens demander si Mme Récamier avait de l'esprit. Mais il me semble que nous le savons déjà. Elle avait au plus haut degré non cet esprit qui songe à briller pour lui-même, mais celui qui sent et qui met en valeur l'esprit des autres. Elle écrivait peu; elle avait pris de bonne heure cette habitude d'écrire le moins possible; mais ce peu était bien et d'un tour parfait. En causant, elle avait aussi le tour net et juste, l'expression à point. Dans ses souvenirs elle choisissait de préférence un trait fin, un mot aimable ou gai, une situation piquante, et négligeait le reste; elle se souvenait avec goût.

Elle écoutait avec séduction, ne laissant rien passer de ce qui était bien dans vos paroles sans témoigner qu'elle le sentît. Elle questionnait avec intérêt, et était tout entière à la réponse. Rien qu'à son sourire et à ses silences, on était intéressé à lui trouver de l'esprit en la quittant.

heit und impfte einen mit Langmut. Sie ruhte nicht, bis sie zerstrittene Freunde bei sich versammelt und versöhnt hatte unter ihrer hochherzigen Vermittlung.

Es gab eindeutig Dinge, die sie nicht sehen wollte und die für sie nicht existierten. Sie glaubte nicht an das Böse. In ihrer eigensinnigen Unschuld, das möchte ich zu berücksichtigen bitten, hatte sie etwas Kindliches bewahrt. Muss man das beklagen? Alles in allem, wo gäbe es noch einen anderen Ort im Leben, an dem man so spürbares Wohlwollen inmitten einer so prächtig schimmernden Scheinwelt fände? La Rochefoucauld hat es geäußert: «Man hätte keinen Spaß, wenn man sich nie selbst schmeichelte.»

Ich hörte Leute die Frage stellen, ob Madame Récamier geistreich sei. Mir scheint, wir wissen es bereits. Sie besaß im höchsten Maße den Scharfsinn, der nicht selbst glänzen möchte, sondern der die Geistesgabe der anderen erspürt und zur Geltung bringt. Sie schrieb wenig; sie hatte sich frühzeitig angewöhnt, möglichst wenig zu schreiben; aber dieses wenige war gut und hatte perfekten Schliff. Auch beim Plaudern formulierte sie klar und richtig mit der treffenden Wortwahl. In ihren Erinnerungen erwähnte sie mit Vorliebe einen feinen Zug, einen liebenswürdigen oder lustigen Ausspruch, eine prickelnde Angelegenheit und ließ den Rest weg; sie erinnerte sich mit Geschmack.

Ihre Art zuzuhören war verführerisch: nichts entging ihr, was man gut gesagt hatte, ohne dass sie zu erkennen gab, sie habe schon begriffen. Sie fragte mit Interesse und war ganz aufrichtig bei der Antwort. Allein schon ihr Lächeln und ihr Schweigen gaben einem Anlass, sie geistreich zu finden beim Abschied.

Stendhal
par Prosper Mérimée

Beyle, original en toute choses, ce qui est un vrai mérite à cette époque de monnaies effacées, se piquait de libéralisme, et était au fond de l'âme un aristocrate achevé. Il ne pouvait souffrir les sots; il avait pour les gens qui l'ennuyaient une haine furieuse, et de sa vie il n'a pas su bien nettement distinguer un méchant d'un fâcheux. Il affichait un profond mépris pour le caractère français, et il était éloquent à faire ressortir tous les défauts dont on accuse, à tort sans doute, notre grande nation: légèreté, étourderie, inconséquence en paroles et en actions. Au fond, il avait à un haut degré ces mêmes défauts; et pour ne parler que de l'étourderie, il écrit un jour, de …, à M., une lettre chiffrée, et lui transmit le chiffre sous la même enveloppe.

Toute sa vie il fut dominé par son imagination, et ne fit rien que brusquement et d'enthousiasme. Cependant il se piquait de n'agir jamais que conformément à la raison. «Il faut en tout se guider par la LO-GIQUE», disait-il en mettant une intervalle entre la première syllabe et le reste du mot. Mais il souffrait impatiemment que la *logique* des autres ne fût pas la sienne. D'ailleurs il ne discutait guère. Ceux qui ne le connaissaient pas attribuaient à excès d'orgueil ce qui n'était peut-être que respect pour les convictions des autres. «Vous êtes un chat; je suis un rat», disait-il souvent pour terminer les discussions.

Un jour nous voulûmes faire ensemble un drame. Notre héros avait commis un crime, et était tourmen-

Stendhal
von Prosper Mérimée

Stendhal, ein Sonderling in allen Dingen, was durchaus verdienstvoll ist in jener Zeit vernichteter Geldwerte, bildete sich etwas auf seinen Liberalismus ein und war doch im Grunde seiner Seele durch und durch Aristokrat. Er konnte die Dummen nicht ausstehen; Leute, die ihn langweilten, hasste er fürchterlich, und sein ganzes Leben lang konnte er einen bösen nicht genau von einem lästigen Menschen unterscheiden. Er hatte für den französischen Charakter nur tiefe Verachtung übrig und äußerte sich wortgewaltig über alle Fehler, die man unserer großen Nation vielleicht zu Unrecht vorwirft: Unbekümmertheit, Leichtsinn, Widersprüchlichkeit in Wort und Tat. Im Grunde hatte er selber in hohem Maße genau diese Fehler; um nur vom Leichtsinn zu reden, so schickte er einmal von … aus einen verschlüsselten Brief an M. und legte der Sendung den Chiffrierschlüssel bei.

Sein Leben lang war er von seiner Phantasie beherrscht, und was er tat, tat er unvermittelt und voller Begeisterung. Er bildete sich jedoch ein, immer nur vernunftgemäß zu handeln. «Man muss sich in allem von der LO-GIK leiten lassen», sagte er und machte eine Pause zwischen der ersten Silbe und dem Rest des Wortes. Doch es peinigte ihn Ungeduld darüber, dass die *Logik* der anderen nicht seiner eigenen entsprach. Übrigens machte er nicht viel Worte. Wer ihn nicht kannte, hielt für übermäßigen Stolz, was vielleicht eine gewisse Achtung gegenüber den Auffassungen anderer war. «Sie sind eine Katze; ich bin eine Ratte», sagte er gerne, um einem Wortwechsel ein Ende zu machen.

Einmal wollten wir gemeinsam ein Drama schreiben. Unser Held hatte ein Verbrechen begangen und wurde von Gewis-

té de remords. « Pour se délivrer d'un remords, dit Beyle, que faut-il faire ? » Il réfléchit un instant. « Il faut fonder une école d'enseignement mutuel. » Notre drame en resta là.

Il n'avait aucune idée religieuse, ou s'il en avait, il apportait un sentiment de colère et de rancune contre la Providence. « Ce qui excuse Dieu, disait-il, c'est qu'il n'existe pas. » Une fois, chez madame P., il nous fit la théorie cosmogonique suivante : « Dieu était un mécanicien très habile. Il travaillait nuit et jour à son affaire, parlant peu, et inventant sans cesse, tantôt un soleil, tantôt une comète. On lui disait : "Mai écrivez donc vos inventions ! Il ne faut pas que cela se perde. — Non, répondait-il ; rien n'est encore au point où je veux. Laissez-moi perfectionner mes découvertes, et alors …" Un beau jour il mourut subitement. On courut chercher son fils unique, qui étudiait aux Jésuites. C'était un garçon doux et studieux, qui ne savait pas deux mots de mécanique. On le conduit dans l'atelier de feu son père. "Allons, à l'ouvrage ! il s'agit de gouverneur le monde." Le voilà bien embarrassé ; il demande : "Comment faisait mon père ? — Il tournait cette roue, il faisait ceci, il faisait cela." Il tourne la roue, et les machines vont tout de travers. »

Beyle me dit qu'il avait fait un drame de la vie de … Il l'avait représenté comme une âme simple, naïve, toute pleine de sensibilité et de tendresse, mais incapable de commander aux hommes. …, dans ce drame, exploitait à son profit la doctrine de … « Y a-t-il de l'amour dans votre drame, lui demandai-je. — Beaucoup. Et …, le disciple chéri ? » Il soutenait que tous les grands hommes ont eu goûts bizarres, et citait Alexandre, César, vingt papes italiens ; il prétendait que …, lui-même, avait eu du faible pour un de ses aides de camp.

sensbissen geplagt. «Was muss man tun, um sich von einem Schuldgefühl zu befreien?» fragte Stendhal. Er überlegte eine Weile. «Man muss eine Schule für gegenseitiges Verstehen gründen.» Weiter kam unser Drama nicht.

Er hatte keinerlei religiöse Vorstellungen, oder falls doch, hegte er Wut- und Rachegefühle gegen die Vorsehung. Er meinte: «Was Gott entschuldigt, ist, dass es ihn nicht gibt.» Bei Madame P. breitete er einmal folgende Schöpfungstheorie vor uns aus: «Gott war ein sehr geschickter Handwerker. Er arbeitete Tag und Nacht an seinem Werk, sprach wenig, erfand unaufhörlich bald eine Sonne, bald einen Kometen. Man riet ihm : ‹Schreiben Sie doch ihre Erfindungen auf! Die sollten nicht verloren gehen!› – ‹Nein, antwortete er; es ist alles noch nicht so, wie ich es haben möchte. Lasst mich meine Entdeckungen vervollkommnen, danach …› Eines schönen Tages starb er plötzlich. Man holte eilends seinen Sohn, der bei den Jesuiten studierte. Er war ein sanfter, strebsamer Junge, der von Mechanik nicht die leiseste Ahnung hatte. Man führte ihn in die Werkstatt seines verstorbenen Vaters. ‹Frisch ans Werk! Es gilt die Welt zu regieren.› Da ist er ratlos und fragt: ‹Wie machte mein Vater das?› – ‹Er drehte an diesem Rad, machte dies und jenes.› So bewegt auch er das Rad, und die Maschinen laufen alle falsch.»

Stendhal sagte mir, er habe über das Leben von X ein Drama geschrieben. Er hatte ihn wie eine schlichte, harmlose Seele voller Empfindsamkeit und Zärtlichkeit dargestellt, aber unfähig, Menschen zu führen. In dem Drama schlachtete X eigennützig die Lehre von Y aus. «Kommt in Ihrem Drama Liebe vor?» fragte ich ihn. «Viel.» «Und X, der geliebte Schüler?» Stendhal behauptete, alle berühmten Männer hätten sonderbare Vorlieben gehabt, und nannte als Beispiele Alexander, Cäsar und zwanzig italienische Päpste; er behauptete, X selbst habe eine Schwäche gehabt für einen seiner Adjutanten.

Il était difficile de savoir ce qu'il pensait de Napoléon. Presque toujours il était de l'opinion contraire à celle qu'on mettait en avant. Tantôt il en parlait comme d'un parvenu ébloui par les oripeaux, manquant sans cesse aux règles de la LO-GIQUE. D'autre fois, c'était une admiration presque idolâtre. Tour à tour, il était frondeur comme Courir, et servile comme Las Cases. Les hommes de l'Empire étaient traités aussi diversement que leur maître.

Il convenait de la fascination exercée par l'Empereur sur tout ce qui l'approchait. « Et moi aussi, disait-il, j'ai eu le feu sacré. On m'avait envoyé à Brunswick pour lever une imposition extraordinaire de cinq millions. J'en ai fait rentrer sept, et j'ai manqué d'être assommé par la canaille qui s'insurgea, exaspérée par l'excès de mon zèle. Mais l'Empereur demanda quel était l'auditeur qui avait fait cela, et dit : "C'est bien." »

Nous aimions à l'entendre parler des campagnes qu'il avait faites avec l'Empereur. Ses récits ne ressemblaient guère aux relations officielles. On en jugera. Dans une affaire fort chaude, … haranguait les soldats près de se débander ; voici en quels termes : « En avant ! s. n. d. D. J'ai le cul rond comme une pomme, soldats ! j'ai le cul rond comme une pomme ! ». « Dans le moment du danger, disait Beyle, cela paraissait une harangue ordinaire, et je suis persuadé que César et Alexandre ont dit dans de telles occasions d'aussi grosses bêtises. »

Parti de Moscou, Beyle se trouva, le soir du troisième jour de la retraite, avec environ mille cinq cents hommes, séparé du gros de l'armée par un corps russe considérable. On passa une partie de la nuit à se lamenter, puis les gens énergiques haranguèrent les

Es war schwer herauszubekommen, was er von Napoleon hielt. Fast immer äußerte er eine gegenteilige Meinung zu dem, was man vorbrachte. Mal sprach er von ihm als von einem Emporkömmling, der vom Flitter geblendet ist und ständig die Regeln der LO-GIK missachtet. Mal verfiel er in fast abgöttische Bewunderung. Abwechselnd war er kritisch wie Courier und unterwürfig wie Las Cases. Über die großen Männer des Empire sprach er ebenso unterschiedlich wie über ihre Herrscher.

Er gab zu, dass der Kaiser auf alle, die ihm begegneten, faszinierend wirkte. «Auch ich wurde vom heiligen Feuer erfasst», sagte er, «ich wurde nach Braunschweig geschickt, um eine Sondersteuer von fünf Millionen zu erheben. Dabei habe ich sieben eingetrieben und wäre fast vom Pöbel erschlagen worden, der sich erbittert gegen meinen Eifer auflehnte. Aber der Kaiser erkundigte sich, welcher Rechnungsrat das gemacht habe, und sagte: ‹Gut so.›»

Wir hörten ihm gern zu, wenn er von den Feldzügen erzählte, die er mit dem Kaiser gemacht hatte. Seine Berichte hatten nichts zu tun mit offiziellen Verlautbarungen. Man möge das selbst beurteilen. In einer ziemlich heißen Angelegenheit habe [Napoleon] den Soldaten, die kurz davor waren sich aufzulösen, eine Standpauke gehalten mit folgenden Worten: «Vorwärts! Verdammt nochmal! Soldaten! Himmel, Arsch und Zwirn! Mir geht der Arsch auf Grundeis!» «In Gefahrenmomenten», sagte Stendhal, «war so etwas eine ganz normale Standpauke, und ich bin überzeugt, dass Cäsar und Alexander bei solchen Anlässen genau so dummes Zeug von sich gegeben haben.»

Nach dem Rückzug aus Moskau war Stendhal am Abend des dritten Tages zusammen mit ungefähr eintausendfünfhundert Mann durch ein beachtliches russisches Armeekorps vom Hauptteil des Heeres getrennt. Man verbrachte einen Teil der Nacht mit Jammern, dann mobilisierten die energischen Män-

poltrons, et, à force d'éloquence, les engagèrent à s'ouvrir un chemin l'épée à la main, dès que le jour permettrait de distinguer l'ennemi. Autre genre d'allocution militaire : « Tas de canailles, vous serez tous morts demain, car vous êtes trop j. f. pour prendre un fusil et vous en servir, etc. » Ces paroles sublimes ayant produit leur effet, à la petite pointe du jour on marcha résolument aux Russes, dont on voyait encore briller les feux de bivouac. On y arrive sans être découvert, et l'on trouve un chien tout seul. Les Russes étaient partis dans la nuit.

Pendant la retraite, il n'avait pas trop souffert de la faim, mais il lui était absolument impossible de se rappeler comment il avait mangé et ce qu'il avait mangé, si ce n'est un morceau de suif qu'il avait payé vingt francs, et dont il se souvenait encore avec délices.

Il avait emporté de Moscou le volume des *Facéties* de Voltaire, relié en maroquin rouge, qu'il avait pris dans une maison qui brûlait. Ses camarades trouvaient cette action un peu légère : dépareiller une magnifique édition ! Lui-même en éprouvait une espèce de remords.

Un matin, aux environs de la Bérézina, il se présenta à M. D., rasé et habillé avec quelque soin : « Vous avez fait votre barbe ! lui dit M. D., vous êtes un homme de cœur ».

M. B., auditeur au conseil d'Etat, m'a dit qu'il devait la vie à Beyle, qui, prévoyant l'encombrement des ponts, l'avait obligé à passer la Bérézina, le soir qui précéda la déroute. Il fallut employer presque la force pour obtenir qu'il fit quelques centaines de pas. M. B. faisait l'éloge du sang-froid de Beyle, et du bon sens qui ne l'abandonnait pas dans un moment où les plus résolus perdaient la tête.

ner die Hasenfüße mit überzeugenden Aufrufen und brachten sie dazu, sich mit dem Schwert in der Hand einen Weg freizuschlagen, sobald das Tageslicht ausreichte, um den Feind auszumachen. Eine weitere Art militärischer Ansprache: «Lumpenpack, müder Haufen, morgen seid ihr alle tot, denn Ihr seid zu schwach, ein Gewehr zu ergreifen und es zu bedienen; usw.» Nachdem diese erhebenden Worte Wirkung gezeigt hatten, marschierte man im Morgengrauen entschlossen auf die Russen zu, deren Biwakfeuer man noch brennen sah. Man erreicht das Ziel, ohne entdeckt zu werden, und findet einen einsamen Hund vor. Die Russen waren in der Nacht abgezogen.

Auf dem Rückzug musste er nicht allzusehr Hunger leiden, aber er konnte sich wirklich nicht mehr daran erinnern, wie und was er gegessen hatte, außer an ein Stück Schmalz, für das er zwanzig Francs bezahlt hatte und an das er mit Freuden zurückdachte.

Aus Moskau hatte er einen in rotem Leder gebundenen Band von Voltaires *Facéties* mitgebracht, den er aus einem brennenden Haus gerettet hatte. Seine Kameraden hielten das für eine etwas leichtfertige Handlung: solch eine herrliche Ausgabe auseinanderreißen! Auch er selbst hatte ein etwas schlechtes Gewissen.

Eines Morgens in der Nähe der Beresina, präsentierte er sich Monsieur D. rasiert und sorgfältig gekleidet: «Sie haben Bartpflege gemacht!», sagte Monsieur D., «Sie sind ein beherzter Mann.»

Monsieur B., Mitglied des Staatsrats, sagte mir, er verdanke sein Leben Stendhal, der die Brückenblockade vorausgesehen und ihn gezwungen hatte, die Beresina am Abend vor dem fluchtartigen Rückzug zu überschreiten. Monsieur B. war nur mit Gewalt dazu zu bewegen gewesen, ein paar hundert Schritte zu tun. Er lobte Stendhals Kaltblütigkeit und gesunden Menschenverstand, die ihn nicht im Stich ließen in einer Situation, da die Entschlossensten den Kopf verloren.

En 1813, Beyle fut témoin involontaire de la déroute d'une brigade entière chargée inopinément par cinq cosaques. Beyle vit courir environ deux mille hommes, dont cinq généraux, reconnaissables à leurs chapeaux bordés. Il courait comme les autres, mais mal, n'ayant qu'un pied chaussé, et portant une botte à la main. Dans tout ce corps français, il ne se trouva que deux héros que firent tête aux cosaques : un gendarme, nommé Menneval, et un conscrit, qui tua le cheval du gendarme en voulant tirer sur les cosaques. Beyle fut chargé de raconter cette panique à l'Empereur qui l'écoutait avec une fureur concentrée, en faisant tourner une de ces machines en fer qui servent à fixer les persiennes. On chercha le gendarme pour lui donner la croix ; mais il se cachait, et nia d'abord qu'il eût été à l'affaire, persuadé que rien n'est si mauvais que d'être remarqué dans une déroute. Il croyait qu'on voulait le fusiller.

Sur l'amour, Beyle était encore plus éloquent que sur la guerre. Je ne l'ai jamais vu qu'amoureux, ou croyant l'être ; mais il avait eu deux *amours-passions* (je me sers d'un de ses termes), dont il n'avait jamais pu guérir. L'un, le premier en date, je crois, lui avait été inspiré par madame …, alors dans tout l'éclat de sa beauté. Il avait pour rivaux bien des hommes puissants, entre autres un général fort en faveur, qui abusa un jour de sa position pour obliger Beyle à lui céder sa place auprès de la dame. Le soir même, Beyle trouva moyen de lui faire tenir une petite fable de sa composition, dans laquelle il lui proposait allégoriquement un duel. Je ne sais si la fable fut comprise ; mais on n'accepta pas la moralité, et Beyle reçut une verte semonce de M. D., son parent et son protecteur ; il n'en continua pas moins ses

1813 wurde Stendhal ungewollt Zeuge, wie eine ganze Brigade, die unvermutet von fünf Kosaken angegriffen wurde, flüchtete. Stendhal sah etwa zweitausend Mann weglaufen, darunter fünf Generäle, die an ihren betressten Schildmützen zu erkennen waren. Er lief wie die anderen, aber mühsam, weil er nur einen Stiefel anhatte, während er den zweiten in der Hand trug. Im ganzen französischen Korps gab es nur zwei Helden, die den Kosaken entgegentraten: ein Gendarm namens Menneval und ein Rekrut, der das Pferd des Gendarmen tötete, als er auf die Kosaken schießen wollte. Stendhal war beauftragt, dem Kaiser von diesem Zwischenfall zu berichten; der hörte ihm bebend vor Wut zu und klapperte dabei mit dem Beschlag eines Fensterladens. Man suchte den Gendarm, um ihm das Verdienstkreuz zu verleihen; der versteckte sich aber und leugnete zunächst, etwas damit zu tun zu haben, da er davon überzeugt war, nichts sei so schlecht, als bei einer Flucht aufzufallen. Er meinte, man wolle ihn erschießen.

Über die Liebe äußerte sich Stendhal noch beredter als über den Krieg. Ich sah ihn immer nur verliebt oder davon überzeugt, es zu sein; er war jedoch zwei *Liebesleidenschaften* verfallen (ich benutze seine Ausdrucksweise), von denen er nie geheilt werden konnte. Zeitlich gesehen die erste war ihm, glaube ich, von Madame X. eingeflößt worden, die damals in der Blüte ihrer Schönheit stand. So manche mächtige Männer waren seine Rivalen, unter anderen ein sehr angesehener General, der einmal seine Stellung ausnutzte und Stendhal zwang, ihm den Platz an der Seite der Dame abzutreten. Noch am gleichen Abend fand Stendhal Mittel und Wege, ihm eine selbst verfasste kleine Fabel zukommen zu lassen, in der er ihm sinnbildlich ein Duell vorschlug. Ich weiß nicht, ob die Fabel verstanden wurde; aber die Moral von der Geschichte wurde nicht akzeptiert, und Stendhal erhielt einen scharfen Tadel von Monsieur D., seinem Verwandten und Gönner;

poursuites. En 1836, Beyle me racontait cette aventure, le soir, sous les grands arbres de la promenade de Laon. Il ajoutait qu'il venait de voir madame …, âgée alors de quarant-sept ans, et qu'il s'était trouvé aussi amoureux qu'au premier jour. L'un et l'autre avaient eu bien d'autres passions dans l'intervalle. «Comment pouvez-vous m'aimer encore, à mon âge?» disait-elle. Il le lui prouvait très bien, et jamais je ne l'ai vu montrer tant d'émotion. Il avait les larmes aux yeux en me parlant.

Son autre amour-passion fut pour une belle Milanaise, nommée madame … . Malgré la bonne foi des Italiennes, qu'il opposait sans cesse à la coquetterie des nôtres, madame … le trahissait indignement. Elle avait eu l'art de lui persuader que son mari, le plus débonnaire des hommes, était un monstre de jalousie; et elle obligeait Beyle à se cacher à Turin, car sa présence à Milan l'aurait perdue, disait-elle. Une fois tous les dix jours, au cœur de l'hiver, Beyle venait à Milan dans le plus strict incognito chez sa belle par une femme de chambre qu'il payait bien. Cela dura quelque temps, et toujours des précautions infinies. Pourtant la femme de chambre eut un remords, et lui avoua qu'on le trompait, et qu'on avait autant d'amants différents qu'il passait de jours en exil. D'abord il n'en voulut rien croire; à la fin, cependant, il accepta une expérience. On le fit cacher dans un cabinet; et là, en mettant l'œil au trou d'une serrure, il vit, à trois pieds de lui, la plus monstrueuse pièce de conviction. Beyle me dit que la singularité de la chose et le ridicule de la situation lui donnèrent d'abord une gaieté folle, et qu'il eut toutes les peines du monde à ne pas alarmer les coupables en éclatant de rire. Ce ne fut qu'au bout de quelque temps qu'il sentit son malheur. L'infidèle,

dennoch ließ er nicht von seinen Verfolgungen ab. 1836 erzählte mir Stendhal abends unter den großen Bäumen in den Anlagen von Laon diese Begebenheit. Er fügte hinzu, er habe die inzwischen siebenundvierzigjährige Madame X. gerade besucht und sei noch genau so verliebt wie am ersten Tag. Beide hatten inzwischen so manche andere Leidenschaft durchlebt. «Wie können Sie mich in meinem Alter noch lieben?» fragte sie. Er konnte sie sehr gut davon überzeugen, und ich habe ihn noch nie so bewegt gesehen. Er hatte beim Sprechen Tränen in den Augen.

Seine andere Liebesleidenschaft galt einer schönen Mailänderin namens Madame Y. Trotz der Ehrlichkeit der Italienerinnen, die er immer wieder der Eitelkeit unserer Frauen gegenüberstellte, verriet Madame Y. ihn schmählich. Sie hatte ihm geschickt eingeredet, ihr sonst sehr gutmütiger Ehemann sei ungeheuer eifersüchtig; und so zwang sie Stendhal, sich in Turin versteckt zu halten, denn seine Anwesenheit in Mailand hätte sie – wie sie sagte – ins Verderben gestürzt. Im tiefen Winter kam Stendhal alle zehn Tage vollkommen geheim nach Mailand, versteckte sich in einer üblen Herberge und wurde durch eine Kammerfrau, die er gut entlohnte, nachts bei seiner Schönen eingelassen. Das setzte sich eine Zeitlang fort, unter endlosen Vorsichtsmaßnahmen. Die Kammerfrau hatte jedoch Gewissensbisse und gestand ihm, dass er betrogen wurde und dass es ebensoviele verschiedene Liebhaber gab, wie er Tage im Exil verbrachte. Zunächst wollte er nichts davon glauben; schließlich jedoch war er mit einem Experiment einverstanden. Er wurde in einem Nebenzimmer versteckt; und von dort sah er durchs Schlüsselloch nur drei Fuß von ihm entfernt den ungeheuerlichsten Beweis. Stendhal sagte mir, dass das Seltsame und Lächerliche der Angelegenheit ihn zunächst so amüsierte, dass er äußerste Mühe hatte, nicht vor Lachen zu platzen und damit die Schuldigen aufzuschrecken. Erst nach einer Weile fühlte er sein Unglück. Die

que pour toute vengeance il avait un peu persiflée, essaya de le fléchir, lui demanda grâce à genoux, et le suivit dans cette attitude tout le long d'une grande galerie. L'orgueil l'empêcha de lui pardonner, et il s'en accusait avec amertume, en se rappelant l'air passionné de madame .... Jamais elle ne lui avait paru si désirable, jamais elle n'avait eu tant d'amour. Il avait sacrifié à l'orgueil le plus grand plaisir qu'il eût pu goûter avec elle. – Il fut dix-huit mois à se consoler. «J'étais abruti, disait-il. Je ne pensais plus. J'étais accablé d'un poids insupportable, sans pouvoir me rendre compte nettement de ce que j'éprouvais. C'est le plus grand des malheurs ; il prive de toute énergie. Depuis, un peu remis de cette langueur accablante, j'avais une curiosité singulière à connaître toutes ses infidélités. Je m'en faisais raconter tous les détails. Cela me faisait un mal affreux, mais j'avais un certain plaisir physique à me le représenter dans toutes les situations où on me la décrivait.»

Beyle m'a toujours paru convaincu de cette idée très répandue sous l'Empire, qu'une femme peut toujours être prise d'assaut, et que c'est pour tout homme un devoir d'essayer. «*Ayez-la; c'est d'abord ce que vous lui devez*», me disait-il quand je lui parlais d'une femme dont j'étais amoureux. Un soir, à Rome, il me conta que la comtesse ... venait de lui dire *voi* au lieu de *lei*, et me demanda s'il ne devait pas la violer. Je l'y exhortait fort.

Je n'ai connu personne qui fût plus galant homme à recevoir les critiques sur ses ouvrages. Ses amis lui parlaient toujours sans le moindre ménagement. Plusieurs fois, il m'envoya des manuscrits qu'il avait déjà communiqués à V. J., et qui revenaient avec des notes marginales comme celles-ci : «Détestable – Style de portier»,

Treulose, die er als einzige Rache ein wenig verspottet hatte, wollte ihn gnädig stimmen und bat ihn auf Knien um Vergebung, ja folgte ihm in dieser Haltung auf einer langen Galerie. Doch sein Stolz hinderte ihn, ihr zu vergeben, er warf sich das bitter vor in Gedanken an die leidenschaftliche Miene von Madame Y. Nie war sie ihm so begehrenswert erschienen, nie strahlte sie so viel Liebe aus. Seinem Stolz hatte er das höchste Vergnügen, das er mit ihr hätte haben können, geopfert. – Er brauchte achtzehn Monate, um sich zu trösten. «Ich war niedergeschlagen», sagte er, «ich konnte nicht mehr denken. Ich wurde von einem unerträglichen Gewicht niedergedrückt, ohne mir richtig klarmachen zu können, was ich fühlte. Das ist das höchste Unglück; es nimmt einem jegliche Kraft. Danach, als ich mich etwas von dieser verzehrenden Sehnsucht erholt hatte, verspürte ich eine merkwürdige Neugierde, all ihre Treuebrüche kennenzulernen. Ich ließ mir alle Einzelheiten berichten. Das tat mir fürchterlich weh, aber ich hatte ein gewisses körperliches Vergnügen daran, sie mir in allen Situationen auszumalen, in denen man sie mir beschrieb.»

Stendhal schien mir von der im Kaiserreich sehr verbreiteten Vorstellung überzeugt, dass eine Frau immer im Sturm erobert werden muss und dass jeder Mann die Pflicht hat, dies zu versuchen. «*Nehmen Sie sie; das sind Sie ihr vor allem schuldig*», riet er mir, als ich ihm von einer Frau erzählte, in die ich verliebt war. Eines Abends in Rom berichtete er mir, Gräfin Z. habe ihn soeben mit *voi* statt mit *lei* angeredet, und er fragte mich, ob er sie nun im Sturm nehmen solle. Ich ermutigte ihn sehr dazu.

Ich kenne niemanden, der Kritik an seinen Werken höflicher als er aufnahm. Seine Freunde äußerten sich immer ohne die geringste Zurückhaltung. Mehrmals schickte er mir Manuskripte, die er vorher schon V. J. vorgelegt hatte und die mit Randbemerkungen wie dieser zurückkamen:

etc. Quand il fit paraître son livre *De l'amour*, ce fut à qui s'en moquerait davantage (au fond, fort injustement). Jamais ces critiques n'altérèrent ses relations avec ses amis.

Il écrivait beaucoup, et travaillait longuement ses ouvrages. Mais, au lieu d'en corriger l'exécution, il en refaisait le plan. S'il effaçait les fautes d'une première rédaction, c'était pour en faire d'autres; car je ne sache pas qu'il ait jamais essayé de corriger son style. Quelque raturés que fussent ses manuscrits, on peut dire qu'ils étaient toujours écrits de premier jet.

Ses lettres sont charmantes; c'est sa conversation même.

Il était très gai dans le monde, fou quelquefois, négligeant trop les convenances et les susceptibilités. Souvent il était de mauvais ton, mais toujours spirituel et original. Bien qu'il n'eût de ménagements pour personne, il était facilement blessé par des mots échappés sans malice : « Je suis un jeune chien qui joue, me disait-il, et on me mord. » Il oubliait qu'il mordait parfois lui-même, et assez serré. C'est qu'il ne comprenait guère qu'on pût avoir d'autres opinions que les siennes sur les choses et sur les hommes. Par exemple, il n'a jamais pu croire qu'il y eût des dévots véritables. Un prêtre et un royaliste étaient toujours pour lui des hypocrites.

Ses opinions sur les arts et la littérature ont passé pour des hérésies téméraires lorsqu'il les a produites. Aujourd'hui, quelques-uns de ses jugements ont l'air de vérités de M. de la Palisse. Lorsqu'il mettait Mozart, Cimarosa, Rossini au-dessus des faiseurs d'opéras-comiques de notre jeunesse, il soulevait des tempêtes. C'est alors qu'on l'accusait de n'avoir pas des sentiments français.

«Abscheulich – Portiersprache», usw. Als er sein Buch *De l'amour* veröffentlichte, konnten sich die Leute nicht genug darüber lustig machen (im Grunde ungerechtfertigt). Kritik beeinflusste nie die Beziehungen zu seinen Freunden.

Er schrieb viel und überarbeitete seine Werke gründlich. Aber anstatt die Ausarbeitung zu verbessern, machte er einen neuen Entwurf. Wenn er die Fehler einer ersten Fassung tilgte, so machte er dafür neue; denn ich wüsste nicht, dass er jemals versuchte, seinen Stil zu ändern. Trotz einiger Ausstreichungen in den Manuskripten kann man sagen, dass sie immer in einem Guss geschrieben waren.

Seine Briefe sind bezaubernd; das ist seine Art zu sprechen.

Er war sehr heiter in Gesellschaft, manchmal unbesonnen und zu wenig auf Anstandsregeln und Empfindlichkeiten bedacht. Oft klang er ruppig, war aber immer geistreich und originell. Obwohl er niemanden schonte, war er selbst leicht schnell verletzt durch Worte, die ohne böse Absicht herausgerutscht waren: «Ich bin ein junger verspielter Hund und werde gebissen», sagte er mir einmal und vergaß dabei, dass er selber manchmal zubiss, und zwar ziemlich fest. Er verstand eben kaum, dass man über Dinge und Menschen andere Ansichten haben konnte als er. So mochte er beispielsweise nicht glauben, dass es Menschen mit echter Frömmigkeit gibt. Ein Priester und ein Königstreuer waren für ihn stets Heuchler.

Seine Urteile zu Kunst und Literatur galten als gewagte Ketzerei, als er sie verfasste. Heute sieht man manche von ihnen eher als Binsenweisheiten an. Als er Mozart, Cimarosa und Rossini auf einen höheren Rang stellte als die Operettenschreiber unserer Jugend, löste er Proteststürme aus. Daraufhin warf man ihm vor, er habe keine französischen Gefühle.

Il est pourtant très français dans ses opinions sur la peinture, bien qu'il prétendre la juger en Italien. Il apprécie les maîtres avec les idées françaises, c'est-à-dire au point de vue littéraire. Les tableaux des écoles d'Italie sont examinés par lui comme des drames. C'est encore la façon de juger en France, où l'on n'a ni le sentiment de la forme, ni un goût inné pour la couleur. Il faut une sensibilité particulière et un exercice prolongé pour aimer et comprendre la forme et la couleur. Beyle prête des passions dramatiques à une Vierge de Raphaël. J'ai toujours soupçonné qu'il aimait les grands peintres des écoles lombarde et florentine parce que leurs ouvrages le faisaient penser à bien des choses auxquelles sans doute les maîtres ne pensaient pas. C'est le propre des Français de tout juger par l'esprit. Il est juste d'ajouter qu'il n'y a pas de langue qui puisse exprimer les finesses de la forme ou la variété des effets de la couleur. Faute de pouvoir exprimer ce qu'on sent, on décrit d'autres sensations qui peuvent être comprises par tout le monde.

Beyle m'a toujours paru assez indifférent à l'architecture, et n'avait sur cet art que des idées d'emprunt. Je crois lui avoir appris à distinguer une église romane d'une église gothique, et, qui est plus, à regarder l'une et l'autre. Il reprochait à nos églises d'être tristes.

Il sentait mieux la sculpture de Canova que toute autre, même que les statues grecques; peut-être est-ce parce que Canova a travaillé pour les gens de lettres. Il s'est beaucoup plus préoccupé des idées qu'il exciterait dans un esprit cultivé, que de l'impression qu'il pourrait produire sur un œil qui aime et qui connaît forme.

Dans la pratique de la vie, Beyle avait une suite de

In seinen Ansichten über die Malerei ist er jedoch typisch französisch, obwohl er behauptet, sie mit italienischen Augen zu beurteilen. Die Meister würdigt er mit französischen Vorstellungen, das heißt aus literarischem Blickwinkel. Bilder der italienischen Schule werden von ihm wie Dramen analysiert. Auch das ist die Art und Weise, wie man in Frankreich urteilt, wo man weder ein Gefühl noch ein angeborenes Gespür für Farben hat. Man braucht ein besonderes Empfindungsvermögen und lange Erfahrung, um Form und Farbe zu lieben und zu verstehen. Stendhal schreibt einer Madonna von Raffael dramatische Leidenschaften zu. Ich unterstellte ihm immer, dass er die großen Maler der lombardischen und florentinischen Schule liebt, weil ihre Werke ihn auf mancherlei Gedanken brachten, die die Meister bestimmt nicht gehabt hatten. Es ist typisch für Franzosen, dass sie alles mit dem Geist beurteilen. Gerechterweise muss man hinzufügen, dass man mit keiner Sprache die Feinheiten der Form oder die Vielfalt der Farbwirkungen ausdrükken kann. Und da man nicht wiedergeben kann, was man fühlt, beschreibt man andere Empfindungen, die von allen verstanden werden.

Mir schien, für Architektur hatte Stendhal immer recht wenig übrig und äußerte über diese Kunst nur übernommene Ansichten. Ich meine ihm beigebracht zu haben, eine romanische Kirche von einer gotischen zu unterscheiden, und, was wichtiger ist, beide überhaupt anzuschauen. Er warf unseren Kirchen vor, sie seien düster.

Mehr als alle anderen schätzte er die Skulpturen von Canova, sogar mehr als die griechischen Statuen; vielleicht, weil Canova für die Gebildeten gearbeitet und viel mehr darauf geachtet hat, was für Vorstellungen er bei einem gelehrten Geist weckte, als welchen Eindruck er auf ein liebendes und an Formen geschultes Auge machte.

Für das praktische Leben hatte Stendhal eine Reihe von all-

maximes générales qu'il fallait, disait-il, observer infailliblement sans les discuter, dès qu'on les avait une fois trouvées commodes. A peine permettait-il d'examiner un instant si le cas particulier rentrait dans une de ses théories générales.

Jusqu'à trente ans, il voulait qu'un homme, se trouvant avec une femme seule, tentât l'abordage. Cela réussit, disait-il, une fois sur dix. Or, la chance d'un sur dix vaut bien la peine d'essuyer neuf rebuffades. — Ne jamais pardonner un mensonge; — ne jamais se repentir; — prendre aux cheveux la première occasion de querelle, à son entrée dans le monde, voilà quelques-unes de ses maximes.

Il se moquait de moi en me voyant étudier le grec à vingt-cinq ans. «Vous êtes sur le champ de bataille, me disait-il; ce n'est plus le moment de polir votre fusil; il faut tirer.»

Il avait souffert, comme tant d'autres, de la mauvaise honte dans sa jeunesse. C'est une chose difficile pour un jeune homme, que d'entrer dans un salon. Il s'imagine qu'on le regarde, et craint toujours de n'être pas *correct*. «Je vous conseille, me disait-il, d'entrer avec l'attitude que le hasard vous a fait prendre dans l'antichambre; convenable ou non, n'importe. Soyez comme la statue du commandeur, et ne changez de maintien que lorsque l'émotion de l'entrée aura disparu.»

Il avait une autre recette pour les duels : «Pendant qu'on vous vise, regardez un arbre, et appliquez-vous à en compter les feuilles.»

Il aimait la bonne chère : cependant il trouvait du temps perdu celui qu'on passe à manger, et souhaitait qu'en avalant une boulette le matin, on fût quitte de la faim pour toute la journée. Aujourd'hui, on est gourmand, et on s'en vante. Du temps de Beyle, un homme

gemeinen Grundsätzen, die man – so meinte er – einhalten musste und nicht in Frage stellen durfte, sobald sie sich einmal als brauchbar herausgestellt hatten. Allenfalls ließ er es zu, dass man kurz untersuchte, ob ein Einzelfall mit einer seiner allgemeinen Theorien vereinbar sei.

Bis zu seinem dreißigsten Lebensjahr vertrat er die Ansicht, ein Mann, allein in Gegenwart einer Frau, sollte versuchen, sich ihr zu nähern. Das gelingt jedes zehnte Mal, sagte er. Nun, eine Erfolgsaussicht von zehn zu eins lohnt sich, auch wenn man neun Abfuhren einstecken muss. – Hier einige seiner Grundsätze: Nie eine Lüge verzeihen; – nichts bereuen; – beim Eintritt ins Gesellschaftsleben die erste Gelegenheit zu einem Streit bei den Hörnern packen.

Er belächelte mich, als er mich mit fünfundzwanzig Jahren Griechisch lernen sah. «Sie sind auf dem Schlachtfeld», sagte er; «jetzt ist keine Zeit mehr, das Gewehr zu putzen; jetzt heißt es schießen.»

Wie so viele andere hatte er in seiner Jugend unter falscher Scham gelitten. Es ist schwierig für einen jungen Mann, einen Salon zu betreten. Er fühlt sich beobachtet und fürchtet immer, sich *falsch* zu benehmen. «Ich rate Ihnen», bemerkte er, «in der Haltung einzutreten, die Sie zufällig im Vorzimmer angenommen hatten: ob angemessen oder nicht, spielt keine Rolle. Seien Sie wie die Statue des Befehlshabers und ändern Sie die Haltung erst, wenn die Erregung des Eintretens abgeklungen ist.»

Für Duelle hatte er ein anderes Rezept: «Schauen Sie einen Baum an, während man auf Sie zielt, und zählen Sie die Blätter.»

Er schätzte gutes Essen: jedoch hielt er die beim Essen verbrachte Zeit für verloren und hätte sich gewünscht, ein am Morgen verschlungener Happen würde für den ganzen Tag den Hunger stillen. Heutzutage schlemmt man gern und ist stolz darauf. Zu Stendhals Zeiten ging es einem Mann haupt-

prétendait surtout à l'énergie et au courage. Comme faire campagne, si l'on est gastronome?

La police de l'Empire pénétrait partout, à ce qu'on prétend; et Fouché savait tout ce qui se disait dans les salons de Paris. Beyle était persuadé que cet espionnage gigantesque avait conserve tout son pouvoir occulte. Aussi, il n'est sorte de précautions dont il ne s'entourât pour les actions les plus indifférentes.

Jamais il n'écrivait une lettre sans la signer d'un nom supposé: César Bombet, Cotonet, etc. Il datait ses lettres d'*Abeille*, au lieu de ..., et souvent les commençait par une telle phrase: «J'ai reçu vos soies grèges, et les ai emmagasinées en attendant leur embarquement.» Tous ses amis avaient leur nom de guerre, et jamais il ne les appelait d'une autre façon. Personne n'a su exactement quels gens il voyait, quels livres il avait écrits, quels voyages il avait faits.

Je m'imagine que quelque critique du vingtième siècle découvrira les livres de Beyle dans le fatras de la littérature du dix-neuvième, et qu'il leur rendra la justice qu'ils n'ont pas trouvée auprès des contemporains. C'est ainsi que la réputation de Diderot a grandi au dixneuvième siècle; c'est ainsi que Shakespeare, oublié du temps de Saint-Evremond, a été découvert par Garrick. Il serait bien à désirer que les lettres de Beyle fussent publiées un jour; elles feraient connaître et aimer un homme dont l'esprit et les excellentes qualités ne vivent plus que dans la mémoire d'un petit nombres d'amis.

sächlich um Kraft und Mut. Wie soll man ins Feld ziehen, wenn man Feinschmecker ist?

Die Polizei des Kaiserreichs kam angeblich überall hin; und Fouché wusste über alles bescheid, was in den Pariser Salons vorging. Stendhal war überzeugt, dass diese großangelegte Bespitzelung ihre geheime Macht behalten hatte. Deshalb umgab er sich für die unwichtigsten Handlungen mit jeder Art von Vorsichtsmaßnahmen.

Seine Briefe unterzeichnete er immer mit erfundenen Namen: César Bombet, Cotonet u. a. Oben beim Datum schrieb er *Abeille* hin anstatt … und begann oft mit Sätzen wie diesem: «Ich erhielt ihre Rohseidenlieferung und habe sie ans Lager genommen bis zur Weiterverschiffung.» Alle seine Freunde hatten ihre Decknamen, und er nannte sie auch nie anders. Niemand wusste genau, mit wem er Umgang pflegte, welche Bücher er geschrieben und welche Reisen er gemacht hatte.

Ich denke, irgendein Kritiker des zwanzigsten Jahrhunderts wird Stendhals Bücher in einem Wust von Literatur des neunzehnten entdecken und ihnen die Gerechtigkeit wiederfahren lassen, die sie bei den Zeitgenossen nicht gefunden haben. So ist Diderots Ruf im neunzehnten Jahrhundert gewachsen; so wurde Shakespeare, der zur Zeit von Saint-Evremond in Vergessenheit geraten war, von Garrick wiederentdeckt. Es wäre sehr zu wünschen, dass die Briefe von Stendhal eines Tages veröffentlicht werden; sie würden einen Mann bekannt und beliebt machen, dessen Geist und ausgezeichnete Begabungen nur noch in der Erinnerung weniger Freunde weiterleben.

Honoré de Balzac
par Théophile Gautier

Quand nous le vîmes pour la première fois, Balzac, plus âgé d'un an que le siècle, avait environ trente-six ans et sa physionomie était de celles qu'on n'oublie plus. En sa présence la phrase de Shakespeare sur César vous revenait à la mémoire : Devant lui la nature pouvait se lever hardiment et dire à l'univers : « C'est là un homme ! »

Il portait dès lors en guise de robe de chambre ce froc de cachemire ou de flanelle blanche retenu à la ceinture par une cordelière, dans lequel quelque temps plus tard il se fit peindre par Louis Boulanger. Quelle fantaisie l'avait poussé à choisir, de préférence à un autre, ce costume qu'il ne quitta jamais, nous l'ignorons ; peut-être symbolisait-il à ses yeux la vie claustrale à laquelle le condamnaient ses labeurs, et, bénédictin du roman, en avait-il pris la robe ? Toujours est-il que ce froc blanc lui seyait à merveille. Il se vantait en nous montrant ses manches intactes de n'en avoir jamais altéré la pureté par la moindre tache d'encre, « car, disait-il le vrai littérateur doit être propre dans son travail. »

Son froc rejeté en arrière laissait à découvert son col d'athlète ou de taureau, rond comme un tronçon de colonne, sans muscles apparents et d'une blancheur satinée qui contrastait avec le ton plus coloré de la face. A cette époque, Balzac, dans toute la force de l'âge, présentait les signes d'une santé violente peu en harmonie avec les pâleurs et les verdeurs romantiques à la mode. Son pur sang tourangeau fouettait ses joues pleines d'une pourpre vivace et colorait chaudement ses bonnes lèvres épaisses

Honoré de Balzac
von Théophile Gautier

Als wir Balzac, der ein Jahr älter als das Jahrhundert ist,
zum erstenmal sahen, war er ungefähr sechsunddreißig
Jahre alt, und sein Aussehen war von der Art, die man
nie mehr vergisst. In seiner Gegenwart fiel einem Shake-
speares Ausspruch über Cäsar wieder ein: Vor ihm konnte
die Natur sich kühn erheben und zum Universum sagen:
«Das ist ein Mann!»

Er trug seither anstelle eines Morgenmantels die Kutte aus
weißem Kaschmir oder Flanell, in Gürtelhöhe durch eine Kor-
del zusammengehalten; darin ließ er sich einige Zeit später
von Louis Boulanger porträtieren. Welcher Einfall ihn dazu
gebracht hatte, dieses Kostüm, das er nie ablegte, allen anderen vorzuziehen, wissen wir nicht; war es für ihn Ausdruck
des klösterlichen Lebens, zu dem ihn seine Arbeit zwang, und
hatte er gleichsam als Benediktiner des Romans deren Or-
densgewand für sich gewählt? Wie dem auch sei: diese weiße
Kutte kleidete ihn vorzüglich. Stolz führte er uns die makel-
losen Ärmel vor, deren Reinheit nie durch den geringsten
Tintenfleck verunziert worden war, «denn», so sagte er,
«der wahre Schriftsteller muss sauber sein bei seiner Arbeit.»

Die nach hinten zurückgeschlagene Kutte legte seinen ath-
letischen Stiernacken frei, der rund war wie ein Stück von einer Säule, ohne sichtbare Muskeln, und das satinglänzende
Weiß bildete einen Kontrast zur lebhafteren Gesichtsfarbe.
Balzac, damals im kraftstrotzenden Alter, zeichnete sich durch
blühende Gesundheit aus, die schlecht zur herrschenden Mode
romantisch blasser und grüner Töne passte. Sein aus der Tou-
raine stammendes Blut färbte seine runden Wangen mit leb-
haftem Rot und verlieh den vollen, gut geschwungenen, zum

et sinueuses, faciles au rire; de légères moustaches et une mouche en accentuaient les contours sans les cacher; le nez carré du bout, partagé en deux lobes, coupé de narines bien ouvertes, avait un caractère tout à fait original et particulier; aussi Balzac, en posant pour son buste, le recommandait-il à David d'Angers: «Prenez garde à mon nez; mon nez, c'est un monde!» Le front était beau, vaste, noble, sensiblement plus blanc que le masque, sans autre pli qu'un sillon perpendiculaire à la racine du nez; les protubérances de la mémoire des lieux formaient une saillie très prononcée au-dessus des arcades sourcilières; les cheveux abondants, longs, durs et noirs, se rebroussaient en arrière comme une crinière léonine. Quant aux yeux, il n'en exista jamais de pareils. Ils avaient une vie, une lumière, un magnétisme inconcevables. Malgré les veilles de chaque nuit, la sclérotique en était pure, limpide, bleuâtre, comme celle d'un enfant ou d'une vierge, et enchâssait deux diamants noirs qu'éclairaient par instants de riches reflets d'or: c'étaient des yeux à faire baisser la prunelle aux aigles, à lire à travers les murs et les poitrines, à foudroyer une bête fauve furieuse, des yeux de souverain, de voyant, de dompteur.

Quand on écoutait Balzac, tout un carnaval de fantoches extravagants et réels vous cabriolait devant les yeux, se jetant sur l'épaule une phrase bariolée, agitant de longues manches d'épithètes, se mouchant avec bruit dans un adverbe, se frappant d'une batte d'antithèses, vous tirant par le pan de votre habit, et vous disant vos secrets à l'oreille d'une voix déguisée et nasillarde, pirouettant, tourbillonnant au milieu d'une scintillation de lumières et de paillettes. Rien n'était plus vertigineux, et au bout d'une demi-heure, on sentait, comme l'étudiant après le discours de Méphistophélès, une meule de moulin vous tourner dans la cervelle.

Lachen aufgelegten Lippen einen warmen Farbton; ein leichter Schnurrbart und ein Kinnbärtchen verstärkten die Konturen, ohne die Lippen zu verdecken; die an der Spitze kantige, in zwei Flügel geteilte Nase mit weit geöffneten Löchern war von überaus origineller und besonderer Art; so legte Balzac, als er für seine Büste posierte, sie David d'Angers extra ans Herz: «Achten Sie auf meine Nase; meine Nase ist eine Welt für sich!» Seine Stirn war schön, breit, edel, deutlich weißer als das Gesicht, faltenlos bis auf eine senkrechte, von der Nasenwurzel ausgehende Furche; die Wölbung des Gedächtnissitzes bildete einen markanten Vorsprung über den Brauenbögen; die fülligen, langen festen schwarzen Haare trug er wie eine Löwenmähne nach hinten gebürstet. Und Augen wie die seinen, so etwas hatte es noch nie gegeben. Sie waren unglaublich lebhaft, leuchtend und anziehend. Trotz der ständigen Nachtarbeit war der weiße Teil des Augapfels rein, klar, bläulich wie bei Kindern oder jungen Mädchen und barg zwei schwarze Diamanten, die zuweilen golden funkelten; es waren Augen, die die Macht hatten, Adler den Blick abwenden zu lassen, Mauern und Körper zu durchdringen, ein wütendes wildes Tier zu bannen, Augen eines Herrschers, eines Hellsehers, eines Dompteurs.

Wenn man Balzac zuhörte, tanzte einem ein ganzer Pulk von tollen, höchst lebendigen Marionetten vor den Augen, während er über die Schulter weg eine närrische Bewegung machte, aus langen Ärmeln schmückende Beiwörter schüttelte, sich bei einem Adverb geräuschvoll schneuzte, mit dem Schlagholz Antithesen einhämmerte, einen am Frackschoß zupfte, um einem mit verstellter, näselnder Stimme Geheimnisse ins Ohr zu flüstern, dabei mit Scherzen spielte und in einem Geflimmer von Lichtern und Flitter herumwirbelte. Nichts war schwindelerregender, und nach einer halben Stunde fühlte man, wie der Student nach der Ansprache Mephistos, ein Mühlrad im Kopf herum gehen.

Il n'était pas toujours si lancé, et alors une de ses plaisanteries favorites était de contrefaire le jargon allemand de Nucingen ou de Schmuke, ou bien encore de parler en *rama*, comme les habitués de la pension bourgeoise de madame Vauquer (née de Conflans). – A l'époque où il composa *Un début dans la vie* sur un canevas de Mme de Surville, il cherchait des proverbes par à peu près pour le rapin Mistigris, à qui plus tard, l'ayant trouvé spirituel, il donna une belle position dans *La Comédie humaine*, sous le nom du grand paysagiste Léon de Lora. Voici quelques-uns de ces proverbes : « Il est comme un âne en plaine. » « Je suis comme le lièvre : je meurs ou je m'arrache. » « Les bons comptes font les bons tamis. » « Les extrêmes se bouchent. » « La claque sent toujours le hareng » ; et ainsi de suite. Une trouvaille de ce genre le mettait en belle humeur, et il faisait des gentillesses et des gambades d'éléphant, à travers les meubles, autour du salon.

Comme son père, qui mourut accidentellement plus qu'octogénaire, et se flattait de faire sauter la tontine Lafarge, Balzac croyait à sa longévité. Souvent il faisait avec nous des projets d'avenir. Il devait terminer *La Comédie humaine*, écrire la *Théorie de la démarche*, faire la *Monographie de la vertu*, une cinquantaine de drames, arriver à une grande fortune, se marier et avoir deux enfants, « mais pas davantage : deux enfants font bien, disait-il, sur le devant d'une calèche ». Tout cela ne laissait pas que d'être long, et nous lui faisions observer que, ces besognes accomplies, il aurait environ quatre-vingts ans. « Quatre-vingts ans ! s'écriait-il, bah ! c'est la fleur de l'âge. »

Balzac avait quitté la rue des Batailles pour les Jardies ; il alla ensuite demeurer à Passy. La maison qu'il habitait, située sur une pente abrupte, offrait une disposition architecturale assez singulière. – On y entrait

Nicht immer war er so in Fahrt, aber dann gehörte es zu seinen Lieblingsspäßen, die deutsche Sprechweise von Nucingen oder von Schmuke nachzuahmen oder auch *rama* zu sprechen, wie die Stammkunden der bürgerlichen Pension von Madame Vauquer (geborene de Conflans). – In der Zeit, als er nach einer Idee seiner Schwester Madame Surville die Sittenstudie *Ein Lebensbeginn* schrieb, suchte er passende Sprüche für den Malerlehrling Mistigris, dem er später, da er ihn witzig fand, in der *Comédie humaine* unter dem Namen des großen Landschaftsmalers Léon de Lora ein schönes Denkmal setzte. Mistigris' Sprüche waren etwa von der Art wie «Ewig währt am längsten», «Wer andern eine Grube gräbt, ist selbst ein Schwein», «Alles verstehen, heißt alles begreifen», «Nach dem Essen sollst du rauchen, oder eine Frau gebrauchen». Und so fort. Ein Fund solcher Art stimmte ihn immer heiter, brachte ihn auf witzige Einfälle und ließ ihn wie einen Elefanten zwischen den Möbeln im Salon herumtapsen.

Wie sein Vater, der mit über achtzig Jahren tödlich verunglückte und stolz darauf war, den Lafarge-Rentenfonds in den Ruin zu treiben, glaubte auch Balzac an ein langes Leben. Oft machte er mit uns Zukunftspläne. Er musste die *Comédie humaine* zu Ende führen, die *Théorie de la démarche* und die *Monographie de la vertu* schreiben, ungefähr fünfzig Dramen verfassen, es zu einem großen Vermögen bringen, heiraten und zwei Kinder bekommen, «aber mehr nicht: zwei Kinder machen sich gut vorn auf der Kalesche», sagte er. All das würde seine Zeit dauern, und wir wiesen ihn darauf hin, dass er, wenn dieses Pensum erfüllt wäre, etwa achtzig Jahre alt sein würde. «Achtzig Jahre!», rief er aus, «das ist doch ein blühendes Alter.»

Balzac hatte die Rue des Batailles verlassen und wechselte nach Les Jardies; danach zog er nach Passy. Das Haus, das er bewohnte, hatte steile Hanglage und war ziemlich merkwürdig gebaut und angeordnet. – Man trat ein *wie der Wein in die*

un peu comme le vin entre dans les bouteilles. Il fallait *descendre* trois étages pour arriver au premier. La porte d'entrée, du côté de la rue, s'ouvrait presque dans le toit, comme une mansarde. Nous y dinâmes une fois avec L. G. – Ce fut un dîner étrange, composé d'après des recettes économiques inventées par Balzac. Sur notre prière expresse, la fameuse purée d'oignons, douée de tant de vertus hygiéniques et symboliques et dont Lassilly faillit crever, n'y figura point. – Mais les vins étaient merveilleux ! Chaque bouteille avait son histoire, et Balzac la contait avec une éloquence, une verve, une conviction sans égales. Ce vin de Bordeaux avait fait trois fois le tour du monde; ce Châteauneuf-du-Pape remontait à des époques fabuleuses; ce rhum venait d'un tonneau roulé plus d'un siècle par la mer, et qu'il avait fallu entamer à coups de hache, tant la croûte formée à l'entour par les coquillages, les madrépores et les varechs était épaisse. Nos palais, surpris, agacés de saveurs acides, protestaient en vain contre ces illustres origines. Balzac gardait un sérieux d'augure, et malgré le proverbe, nous avions beau lever les yeux sur lui, nous ne le faisions pas rire !

Au dessert figuraient des poires d'une maturité, d'une grosseur, d'un fondant et d'un choix à honorer une table royale. – Balzac en dévora cinq ou six dont l'eau ruisselait sur son menton; il croyait que ces fruits lui étaient salutaires, et les mangeait en telle quantité autant par hygiène que par friandise. Déja il ressentait les premières atteintes de la maladie qui devait l'emporter. La Mort, de ses maigres doigts, tâtait ce corps robuste pour savoir par où l'attaquer, et n'y trouvant aucune faiblesse, elle le tua par la pléthore et l'hypertrophie. Les joues de Balzac étaient toujours vergetées et martelées de ces plaques rouges qui simulent la santé

Flaschen. Man musste drei Stockwerke hinunter steigen, um in den ersten Stock zu gelangen. Zur Straßenseite hin öffnete sich die Eingangstür beinahe im Dachgeschoss wie eine Mansarde. Wir waren einmal dort zum Abendessen mit L. G. — Es gab ein sonderbares Menü, zusammengestellt nach Sparrezepten, die Balzac erfunden hatte. Auf unseren ausdrücklichen Wunsch hin wurde auf das berühmte Zwiebelpüree verzichtet, dem so viele hygienische und symbolische Wirkungen zugeschrieben werden und von dem Lassilly beinahe draufgegangen wäre. — Aber die Weine waren fantastisch! Jede Flasche hatte ihre Geschichte, die Balzac mit unvergleichlicher Beredsamkeit und Begeisterung überzeugend erzählte. Der Bordeaux war dreimal um die Welt gereist; der Châteauneuf-du-Pape war ein Jahrgang aus märchenhaften Zeiten; der Rum kam aus einem Fass, das mehr als ein Jahrhundert lang vom Meer hin und her gerollt worden war und das man mit Axtschlägen öffnen musste, so dick war es rundherum verkrustet von Muscheln, Korallen und Tang. Unser überraschter, vom sauren Geschmack gereizter Gaumen wehrte sich vergeblich gegen diese berühmte Herkunft. Balzac blieb ernst wie ein Prophet, und trotz des Sprichworts gelang es uns nicht, ihn durch unsere Blicke zum Lachen zu bringen!

Zum Nachtisch gab es herrlich reife, dicke, auf der Zunge zergehende Birnen, die einer königlichen Tafel zur Ehre gereicht hätten. — Balzac vertilgte fünf oder sechs davon, und dabei lief ihm der Saft übers Kinn; er meinte, diese Früchte täten ihm gut, und aß sie sowohl aus gesundheitlichen als auch aus Genussgründen in solchen Mengen. Schon spürte er die ersten Anzeichen der Krankheit, die ihn dahinraffen sollte. Der Tod betastete diesen kräftigen Körper mit seinen mageren Fingern, um herauszufinden, wo er anzugreifen wäre, und da er keine schwache Stelle fand, tötete er ihn durch Blutandrang und Wucherungen. Balzacs Wangen waren stets übersät von Striemen und Flecken, die für unaufmerksame Augen Gesund-

aux yeux inattentifs; mais pour l'observateur, les tons jaunes de l'hépatite entouraient de leur auréole d'or les paupières fatiguées; le regard, avivé par cette chaude teinte de bistre, ne paraissait que vivace et plus étincelant et trompait les inquiétudes.

Vers cette époque, Balzac commença à manifester du goût pour les vieux meubles, les bahuts, les potiches; le moindre morceau de bois vermoulu qu'il achetait rue de Lappe avait toujours une provenance illustre, et il faisait des généalogies circonstanciées à ses moindres bibelots. – Il les cachait çà et là, toujours à cause de ces créanciers fantastiques dont nous commencions à douter. Nous nous amusâmes même à répandre le bruit que Balzac était millionnaire.

Ce qui donnait quelque vraisemblance à nos plaisanteries, c'était la nouvelle demeure qu'habitait Balzac, rue Fortunée, dans le quartier Beaujon, moins peuplé alors qu'il ne l'est aujourd'hui. Il y occupait une petite maison mystérieuse qui avait abrité les fantaisies du fastueux financier. Du dehors, on apercevait au-dessus du mur une sorte de coupole repoussée par le plafond cintré d'un boudoir et la peinture fraîche des volets fermés.

Quand on pénétrait dans ce réduit, ce qui n'était pas facile, car le maître du logis se celait avec un soin extrême, on y découvrait mille détails de luxe et de confort en contradiction avec la pauvreté qu'il affectait. Il nous reçut pourtant un jour, et nous pûmes voir une salle à manger revêtue de vieux chêne, avec une table, une cheminée, des buffets, des crédences et des chaises en bois sculpté, à faire envie à Berruguète, à Cornejo Duque et à Verbruggen; un salon de damas bouton d'or, à portes, à corniches, à plinthes et embrasures d'ébène; une bibliothèque rangée dans des armoires incrustées d'écaille et de cuivre en style de Boulle, et dont la porte, cachée par

heit vortäuschen mochten; aber für den genauen Beobachter umgab Gelbfärbung durch Hepatitis die müden Augen mit goldfarbenen Ringen; der durch diese warme bräunliche Tönung belebte Blick wirkte um so kräftiger und strahlender und beschwichtigte die Befürchtungen.

In jener Zeit begann Balzac Gefallen zu finden an alten Möbeln, Truhen und chinesischen Vasen; das geringste wurmstichige Stück Holz, das er in der Rue de Lappe kaufte, hatte eine berühmte Herkunft, und er betrieb eingehende genealogische Studien für die wertlosesten Nippessachen. – Er versteckte sie da und dort, aus Angst vor vor Gläubigern, die er sich einbildete und an deren Existenz wir allmählich zweifelten. Wir machten uns sogar einen Spaß daraus, das Gerücht zu verbreiten, Balzac sei Millionär.

Was unseren Scherzen einen Anschein von Wahrheit gab, war Balzacs neuer Wohnsitz in der Rue Fortunée im Beaujon-Viertel, das damals weniger bevölkert war als heute. Er bewohnte dort ein geheimnisvolles kleines Haus, das die verrückten Ideen des prunkliebenden Bauherrn verbarg. Von außen sah man über der Mauer eine Art Kuppel, die als gewölbte Decke eines Damenzimmers diente, und es fiel die frische Farbe an den geschlossenen Läden auf.

Wenn man in dieses Gemäuer eindrang, was nicht leicht war, denn der Hausherr war peinlich darauf bedacht, sich zu verbergen, entdeckte man tausend luxuriöse und behagliche Einzelheiten, die im Widerspruch standen zur angeblichen Armut. Eines Tages empfing er uns jedoch, und wir sahen ein Esszimmer mit Eichentäfelung, mit Tisch, offenem Kamin, Büffets, Anrichten, holzgeschnitzten Stühlen, lauter Dingen, die bei Berruguète, Cornejo Duque und Verbruggen Neid erweckt hätten; einen Salon mit Damast und Goldknöpfen, mit Türen, Gesimsen, Fußleisten und Türlaibungen aus Ebenholz; eine Bibliothek, untergebracht in Schränken mit Einlegearbeiten aus Schildpatt und Kupfer im Stil von Boulle, deren hin-

des rayons, une fois fermée, est introuvable; une salle
de bains en brèche jaune, avec bas-reliefs de stuc : un boudoir en dôme, dont les peintures anciennes avaient été
restaurées par Edmond Hédouin; une galerie éclairée de
haut, que nous reconnûmes plus tard dans la collection
du *Cousin Pons*. Il y avait sur les étagères toutes sortes
de curiosités, des porcelaines de Saxe et de Sèvres, des
cornets de céladon craquelé, et dans l'escalier, recouvert
d'un tapis, de grands vases de Chine et une magnifique
lanterne suspendue par un câble de soie rouge.

« Vous avez donc vidé un des silos d'Aboul-Casem?
dîmes-nous en riant à Balzac, en face de ces splendeurs;
vous voyez bien que nous avions raison en vous prétendant millionnaire.

– Je suis plus pauvre que jamais, répondait-il en prenant un air humble et papelard; rien de tout cela n'est
à moi. J'ai meublé la maison pour un ami qu'on attend.
Je ne suis que le gardien et le portier de l'hôtel. »

Nous citons là ses paroles textuelles. Cette réponse, il
la fit d'ailleurs à plusieurs personnes étonnées comme
nous. Le mystère s'expliqua bientôt par le mariage de
Balzac avec la femme qu'il aimait depuis longtemps.

Il y a un proverbe turc qui dit : « Quand la maison est
finie, la mort entre. » C'est pour cela que les sultans ont
toujours un palais en construction qu'ils se gardent bien
d'achever. La vie semble ne vouloir rien de complet – que le
malheur. Rien n'est redoutable comme un souhait réalisé.

Les fameuses dettes étaient enfin payées, l'union rêvée
accomplie, le nid pour le bonheur ouaté et garni de duvet;
comme s'ils eussent pressenti sa fin prochaine, les envieux de Balzac commençaient à le louer : *Les Parents
pauvres, Le Cousin Pons*, où le génie de l'auteur brille
de tout son éclat, ralliaient tous les suffrages. – C'était
trop beau; il ne lui restait plus qu'à mourir.

ter Regalen verborgene Tür in geschlossenem Zustand unauffindbar ist; ein Badezimmer in gelbem Breccien-Gestein mit Stuckverzierungen; ein Damenzimmer mit Kuppel, dessen alte Wandmalereien von Edmond Hédouin restauriert worden waren; eine Galerie mit Oberlicht, die wir später in der Ausgabe von *Vetter Pons* wiedererkannten. Auf den Regalen gab es allerlei Raritäten, Porzellan aus Sachsen und Sèvres, Craquelé-Väschen, und im teppichbelegten Treppenhaus große Chinavasen und eine herrliche, an einer roten Seidenschnur aufgehängte Laterne.

«Sie haben wohl einen Speicher von Aboul-Casem ausgeräumt», sagten wir angesichts solcher Herrlichkeiten lachend zu Balzac; «sehen Sie, wir hatten also doch recht mit unserer Behauptung, Sie seien Millionär.»

«Ich bin ärmer denn je», erwiderte er mit unterwürfiger, scheinheiliger Miene; «nichts davon gehört mir. Ich habe das Haus für einen Freund eingerichtet, den wir erwarten. Ich bin Wächter und Pförtner des Anwesens.»

So sagte er wörtlich. Im übrigen gab er diese Antwort mehreren Leuten, die sich wunderten wie wir. Das Geheimnis wurde bald gelüftet durch Balzacs Heirat mit der Frau, die er seit langem liebte.

Es gibt ein türkisches Sprichwort, das besagt: «Wenn das Haus fertig ist, zieht der Tod ein.» Deshalb bleibt bei den Sultanen ein Palast immer im Bau, und sie hüten sich, ihn zu vollenden. Offenbar gibt es im Leben nichts Vollkommenes – außer dem Unglück. Nichts ist so furchtbar wie ein erfüllter Wunsch.

Die legendären Schulden waren schließlich abbezahlt, die Traumehe geschlossen, das Nest für das Glück mit Daunen ausgepolstert; als hätten Balzacs Neider sein nahes Ende vorausgeahnt, fingen sie an, ihn zu loben: *Die armen Verwandten*, *Vetter Pons*, Werke, in denen der Genius des Autors zu vollem Glanz erblüht, vereinten alle Stimmen zu seinem Lob. Das war zu schön; es blieb ihm nur noch zu sterben.

Victor Hugo
par Alexandre Dumas

Chateaubriand, il appelait Hugo *L'Enfant sublime*.
Le mot resta. A cette époque, on concourait encore
pour les jeux Floraux; Hugo concourut deux années
de suite, en 1818 et 1819. Il eut trois prix. Les pièces
couronnées étaient *Moïse sur le Nil, Les Vierges
de Verdun, La Statue de Henri IV.* Victor avait, en
outre, publié deux satires et une ode. Les satires
étaient *Le Télégraphe* et *Le Racoleur politique*; l'ode
était l'*Ode sur la Vendée*. Il avait publié ces trois
pièces à ses frais, et, chose étrange! elles avaient
rapporté huit cent francs à leur auteur. Alors, les
poésies se vendaient: la société avait soif de quelque chose de nouveau; ce quelque chose de nouveau
lui était offert, et elle approchait naïvement ses
lèvres de la coupe.

Cependant, deux années de rhétorique en latin,
deux années de philosophie, quatre années de mathé-
matiques avaient conduit l'étudiant au seuil de l'Ecole
polytechnique. Arrivé là, il jeta son premier regard réel
dans l'avenir, et s'effraya. L'avenir qu'on lui préparait
n'était pas la vocation qu'il s'était faite. Au moment de
franchir ce grand pas de l'examen, il écrivit à son père.
Il a un état, il est poète, il ne veut entrer à l'Ecole; il
peut se passer de la pension de douze cent francs.

Le général Hugo, homme de décision lui-même,
comprit ce parti pris; il n'y avait pas de temps perdu:
Victor avait dix-huit mois pour le concours. Il sup-
prima la pension, abandonnant le poète à ses propres
forces.

Victor Hugo
von Alexandre Dumas

Chateaubriand bezeichnete Hugo als *Prachtskind*. Der
Beiname blieb ihm. Damals gab es noch den Literaturwett-
bewerb Jeux Floraux; Hugo bewarb sich zweimal nacheinander, 1818 und 1819. Er erhielt drei Preise. Die prämier-
ten Stücke waren *Moses auf dem Nil*, *Die Jungfrauen von
Verdun*, *Die Statue von Heinrich IV.* Darüber hinaus hatte
Victor zwei Satiren und eine Ode veröffentlicht, *Der Tele-
graph*, *Der politische Werber* und *Die Ode über die Vendée*.
Diese drei Werke hatte er auf eigene Kosten drucken lassen, und, oh Wunder, sie brachten dem Autor achthundert
Francs ein. Damals verkaufte sich Dichtung: die Leser
lechzten nach etwas Neuem; dieses Neue wurde ihnen
geboten, und sie näherten ihre Lippen unbefangen dem
Becher.

Indessen hatten zwei Jahre lateinische Rhetorik, zwei Jahre Philosophie, vier Jahre Mathematik den Studenten vor
die Pforten des Polytechnikums geführt. Als er es so weit gebracht hatte, warf er zum ersten Mal einen realistischen Blick
in die Zukunft und erschrak. Die Zukunft, die sich vor ihm
auftat, entsprach nicht der Berufung, die er gespürt hatte.
Kurz vor dem schwerwiegenden Schritt der Aufnahmeprüfung
schrieb er an seinen Vater. Er hat einen Status, er ist Dichter,
er möchte nicht ins Polytechnikum eintreten; er kann auf den
väterlichen Unterhalt von zwölfhundert Francs verzichten.

General Hugo, selbst ein Mann klarer Entschlüsse, verstand die Entscheidung; es gab keine verlorene Zeit: es blie-
ben Victor achtzehn Monate für den Wettbewerb. Der Vater
strich den Unterhalt und überließ den Dichter seinen eigenen
Talenten.

Victor avait devant lui un trésor inépuisable comme ceux des *Mille et Une Nuits* : il avait les huit cent francs, produit de ses deux satires et des son ode. Avec ses huit cent francs, il vécut treize mois et, pendant ces treize mois, il composa et écrivit *Han d'Islande*. Cet étrange ouvrage fut le début d'un jeune homme de dix-neuf ans.

Il aimait avec passion une jeune fille de quinze ans avec laquelle il avait été élevé, Mlle Fouché.

Il épousa cette jeune fille. – C'est aujourd'hui la femme dévouée qui suit le poète dans son exil.

Han d'Islande, vendu mille francs, fut la dot des époux, qui avaient trente-cinq ans à eux deux. Les témoins du mariage furent Alexandre Soumet et Alfred de Vigny, poètes eux-mêmes, débutant eux-mêmes dans l'art et presque dans la vie.

Nodier avait lu *Han d'Islande*, et en avait été émerveillé. – Bon et cher Nodier ! qu'on trouve près de tout ce qui grandit pour lui servir de soutien, près de tout ce qui fleurit pour le faire épanouir, il avait déclaré que Byron et Mathurin étaient dépassés, et que l'auteur inconnu de *Han d'Islande* avait, enfin, atteint l'idéal du cauchemar.

Lui qui devait faire *Smarra* ! C'était, par ma foi, bien modeste.

Nodier n'était pas un de ces hommes auxquels l'auteur d'un livre, sous quelque voile anonyme qu'il s'enveloppât, pût rester longtemps caché. Il découvrit – le grand bibliomane, qui avait fait tant de découverts du même genre, mais autrement difficiles à faire – que l'auteur de *Han d'Islande* était Victor Hugo. Seulement, qu'était-ce que Victor Hugo ? Quelque

Victor hatte vor sich einen unerschöpflichen Schatz wie den aus *Tausendundeiner Nacht*: er besaß achthundert Francs als Erlös seiner beiden Satiren und der Ode. Von diesen achthundert Francs lebte er dreizehn Monate und schrieb während dieser Zeit *Han von Island*. Dieses sonderbare Stück war das Einstandswerk eines jungen Mannes von neunzehn Jahren.

Er liebte leidenschaftlich ein fünfzehnjähriges Mädchen, Mademoiselle Fouché, mit der er aufgewachsen war.

Er heiratete dieses junge Mädchen. – Heute ist sie die ergebene Ehefrau, die dem Dichter ins Exil folgt.

Han von Island brachte tausend Francs ein und stellte den finanziellen Grundstock der Eheleute dar, die zusammen fünfunddreißig Jahre alt waren. Trauzeugen waren die Dichter Alexandre Soumet und Alfred de Vigny, die ihrerseits die ersten Schritte in der Kunst wagten, fast möchte man sagen, im Leben.

Nodier hatte *Han von Island* gelesen und war begeistert. – Ach, lieber guter Nodier, den man überall findet, wo etwas im Entstehen ist, der überall dort, wo etwas aufblüht, Unterstützung bietet, um es zur Entfaltung zu bringen! Er hatte erklärt, Byron und Mathurin seien überholt, und der unbekannte Autor von *Han von Island* habe endlich die Idealform des Alptraums erreicht.

Ausgerechnet er, der *Smarra* schrieb! Das war, weiß Gott, sehr bescheiden.

Nodier gehörte nicht zu den Menschen, denen der Autor eines Buches, ganz gleich unter welchem Pseudonym er sich versteckte, lange verborgen bleiben konnte. Er – der große Büchernarr, der so viele andere, weitaus schwierigere Entdeckungen dieser Art gemacht hatte – bekam heraus, dass der Autor von *Han von Island* Victor Hugo hieß. Nur, wer war denn dieser Victor Hugo? Irgendein Griesgram wie

misanthrope comme Timon, quelque cynique comme Diogène, quelque pleureur comme Démocrite.

Il leva le voile, et trouva – vous savez qui – ce jeune homme blond et rose qui venait d'avoir vingt ans, et en paraissait seize.

Il recula d'étonnement : c'était à n'y pas croire. Là où il cherchait la physionomie grimaçante du vieux pessimiste, il trouvait le sourire jeune, naïf et plein d'espérance du poète naissant.

A partir de ce premier jour où ils se rencontrèrent, furent posées les bases de cette amitié que rien n'altéra jamais. C'était ainsi qu'aimait Nodier, et qu'on l'aimait.

Au reste, l'aisance, presque la fortune, allait entrer dans le jeune ménage : la première édition de *Han d'Islande*, vendue mille francs, était épuisée, et, au même moment où Thiers, débutant de son côté, se couvrait du nom de Félix Bodin pour vendre son *Histoire de la Révolution*, Victor vendait sa seconde édition de *Han d'Islande* dix mille francs. C'étaient les libraires Lecointre et Durey qui semaient cette pluie d'or sur le lit nuptial des jeunes époux.

En même temps, les honneurs venaient frapper à leur porte. On se rappelle le cousin Cornet, fait sénateur et comte sous l'Empire, et devenu pair de France sous la Restauration ; la célébrité naissante de Victor avait chatouillé son amour-propre de député de Nantes et de membre des Cinq-Cents. Il n'avait pas d'enfant à qui léguer son blason d'azur à trois cornets d'argent et son manteau de pair ; il proposait d'étendre ce manteau sur les épaules du jeune poète, et, cela à une seule condition.

Timon, irgendein Zyniker wie Diogenes, irgendein Jammerlappen wie Demokrit?

Er lüftete den Schleier, und wen fand er – den rosigen blonden jungen Mann, der gerade zwanzig Jahre alt war und wie sechzehnjährig wirkte.

Höchst verwundert schreckte er zurück: das war kaum zu glauben. Dort, wo er die Fratze eines alten Pessimisten vermutete, fand er das jugendliche, naive und hoffnungsvolle Lächeln des angehenden Dichters.

Seit dem ersten Tag ihrer Begegnung wurden die Grundlagen zu dieser Freundschaft gelegt, die nichts je erschüttern konnte. So liebte Nodier, und so wurde er geliebt.

Im übrigen hielt Wohlstand, ja beinahe Reichtum Einzug in den jungen Haushalt: die Erstauflage von *Han von Island*, mit dem Erlös von tausend Francs, war vergriffen, und zur gleichen Zeit, als Thiers anfing zu publizieren und sich hinter dem Namen Félix Bodin versteckte, um seine *Geschichte der Revolution* auf den Markt zu bringen, verkaufte Victor die zweite Auflage von *Han von Island* für zehntausend Francs. Die Verleger Lecointre und Durey schütteten diesen Goldregen auf das Brautbett des jungen Paares.

Gleichzeitig prasselten Ehrungen auf sie herab. Da gab es den Vetter Cornet, der im Kaiserreich zum Senator und Grafen befördert und in der Restauration zum Pair von Frankreich erhoben worden war; die wachsende Berühmtheit Victor Hugos hatte der Selbstachtung des Abgeordneten von Nantes und Mitglied des Rates der Fünfhundert geschmeichelt. Er war kinderlos und konnte sein azurblaues Wappen mit den drei Silberhörnern und den Mantel eines Pair nicht weitervererben; so schlug er vor, unter einer einzigen Bedingung diesen Mantel auf die Schultern des jungen Dichters zu legen.

Il est vrai que la condition était sévère : afin que son nom, à lui, ne pérît point, le jeune poète s'appellerait Victor Hugo-Cornet.

La proposition fut transmise par le général Hugo à l'auteur de *Han d'Islande* et des *Odes et Ballades*.

L'auteur de *Han d'Islande* et des *Odes et Ballades* répondit qu'il préférait s'appeler Victor Hugo tout court ; que, d'ailleurs, si l'envie lui prenait, un jour, d'être pair de France, il n'avait besoin de personne pour cela, et se ferait bien pair de France tout seul.

L'offre du comte Cornet fut donc repoussée.

Le jour de départ pour Blois arrivé, il se rendit, avec Mme Hugo et la femme de chambre, à l'hôtel des postes. Au moment où il montait en voiture, une ordonnance qui venait de le manquer chez lui arriva au grand galop, et lui remit un pli au cachet de la maison du roi.

C'était son brevet de chevalier de la Légion d'honneur, signé par le roi Charles X. – Hugo n'avait pas vingt-trois ans.

Il y a, je l'ai dit, un âge où ces sortes de choses causent une grande joie, surtout quand elles sont accordées d'une certaine façon.

Hugo et Lamartine avaient, d'abord, été confondus dans une promotion générale, dans ce qu'on appelle une *fournée*. Le roi Charles X raya leurs deux noms. M. de la Rochefoucauld, que patronnait la liste, et particulièrement les deux jeunes poètes, se hasarda à demander pourquoi Sa Majesté venait de rayer deux noms aussi illustres.

« C'est justement parce qu'ils sont illustres, monsieur, répondit Charles X, qu'ils ne doivent pas être confondus avec les autres noms. Vous me présenterez un rapport à part pour MM. Lamartine et Hugo. »

Diese Bedingung allerdings war hart: damit sein eigener Name nicht unterginge, sollte sich der junge Dichter von nun an Victor Hugo-Cornet nennen.

Dem Autor von *Han von Island* und den *Oden und Balladen* wurde der Vorschlag von General Hugo überbracht.

Der Autor von *Han von Island* und den *Oden und Balladen* erwiderte, er ziehe es vor, schlicht Victor Hugo zu heißen; sollte er im übrigen eines Tages Lust verspüren, Pair von Frankreich zu werden, brauche er niemandes Beistand und mache sich höchstpersönlich zum Pair von Frankreich.

Das Angebot des Grafen Cornet wurde also zurückgewiesen.

Am Tag der Abreise nach Blois begab er sich mit Madame Hugo und dem Zimmermädchen zur Poststation. Als er gerade die Postkutsche bestieg, erschien im gestreckten Galopp eine Ordonnanz, die ihn zu Hause nicht mehr erreicht hatte, und händigte ihm einen Brief mit königlichem Siegel aus.

Es war eine Ernennungsurkunde zum Ritter der Ehrenlegion, unterzeichnet von König Karl X. – Hugo war noch nicht dreiundzwanzig.

Wie ich schon sagte, gibt es ein Alter, in dem solche Begebenheiten, vor allem wenn sie unter gewissen Umständen gewährt werden, große Freude auslösen.

Hugo und Lamartine waren bei einer allgemeinen Ernennung, das heißt bei der Auswahl eines Kontingents, verwechselt worden. König Karl X. strich ihre beiden Namen. La Rochefoucauld, der die Liste unterstützte und besonders die beiden Dichter, wagte es, Seine Majestät zu fragen, warum er zwei so berühmte Namen gestrichen habe.

Der König entgegnete: «Gerade deshalb, weil sie berühmt sind, Monsieur, sollen sie nicht mit den anderen Namen vermischt werden. Legen sie mir einen gesonderten Bericht über die Herren Lamartine und Hugo vor.»

Le brevet était accompagné d'une lettre officielle de M. le comte Sosthène de La Rochefoucauld, et d'une lettre amicale de son secrétaire, M. de Beauchesne.

A cette époque, on n'abordait les rois de France qu'en habit à la française et l'épée au côté. Hugo se décida à grand-peine à ce travestissement ; mais Taylor se chargea de réunir les différentes pièces de l'habillement. Il tenait énormément à *Marion Delorme*, et, pour que *Marion Delorme* lui fut rendue, il eût habillé Hugo en Turc ou en Chinois. Le jour de l'audience arriva. Hugo se rendit à Saint-Cloud. L'antichambre était comble.

Le lendemain de cette entrevue et de ce refus – car Charles X refusa de laisser jouer *Marion Delorme* –, la pension de Victor Hugo, qui était de deux mille quatre cent francs, fut portée à six mille livres, à titre de dédommagement.

Tout le monde sait que le poète, de son côté, refusa, nous ne dirons pas dédaigneusement, mais dignement, cette augmentation de pension.

On a fait beaucoup de bruit, depuis, autour de ce refus. Tels puritains touchent aujourd'hui un traitement de sénateur qui ont reproché au poète d'avoir, après l'interdiction de *Marion Delorme* par Charles X, gardé sa pension primitive de deux mille quatre cents francs.

Dieu fasse miséricorde à ceux-là ! Ils sont aujourd'hui dans les antichambres de l'Elysée, et le premier poète de France et, par conséquent, du monde, est à Guernesey !

Je demande pardon à Lamartine de faire d'Hugo le premier poète de France et du monde : Hugo est exilé ; Lamartine est trop généreux pour ne point lui céder le pas. Si Lamartine eût été exilé comme Hugo – et je regrette pour sa gloire qu'il

Der Ernennungsurkunde beigefügt waren ein offizielles Schreiben des Grafen Sosthène de La Rochefoucauld und ein freundschaftlicher Brief seines Sekretärs Beauchesne.

Zu jenen Zeiten näherte man sich den Königen Frankreichs nur im französischen Frack mit Degen an der Seite. Hugo überwand sich seufzend zu dieser Verkleidung; Taylor sorgte für die Versatzstücke hierzu. Er versprach sich viel von dem Stück *Marion Delorme,* und damit *Marion Delorme* ihm Gewinn einbringt, hätte er Hugo auch als Türken oder Chinesen verkleidet. Der Audienztag war da. Hugo begab sich nach Saint-Cloud. Das Vorzimmer war überfüllt …

Am Tag nach der Audienz und der Ablehnung – denn Karl X. untersagte, das Stück *Marion Delorme* aufzuführen – wurde die auf zweitausendvierhundert Francs lautende Pension Victor Hugos als Entschädigung auf sechstausend Pfund erhöht.

Jeder weiß, dass der Dichter nicht verächtlich, sondern mit einiger Würde diese Erhöhung seiner Bezüge ablehnte. Seither gab es viel Aufregung um diese Zurückweisung.

Sittenstrenge Leute, die heute ein Senatorengehalt beziehen, warfen dem Dichter vor, dass er nach der Ablehnung des Stückes *Marion Delorme* durch Karl X. die ursprüngliche Pension von zweitausendvierhundert Francs weiter beanspruchte.

Möge Gott sich ihrer erbarmen! Sie sitzen heute in den Vorzimmern des Elysée, während der erste Dichter Frankreichs und somit auch der Welt sich in Guernsey aufhält!

Ich bitte Lamartine um Nachsicht, dass ich Hugo zum ersten Dichter Frankreichs und der Welt erkläre: Hugo befindet sich im Exil; Lamartine ist zu edelmütig, um ihm den Vortritt zu verweigern. Wenn Lamartine wie Hugo ins Exil geschickt worden wäre – und um seines Ruhmes willen tut

ne le soit pas ! – j'eusse dit : « Les deux premiers
poètes de France ; les deux premiers poètes du
monde ! »

Hugo, en revenant de Saint-Cloud, trouva Taylor
qui l'attendait chez lui.

« Nous comptions sur *Marion Delorme* pour notre
hiver, disait-il ; notre hiver est perdu.

Hugo le laissa se lamenter.

– Et quand espériez-vous jouer *Marion Delorme* ?
demanda-t-il.

– Mais au mois de janvier ou de février.

– Ah ! bon ! alors, nous avons de la marge … Eh
bien …

Il calcula.

– Nous sommes au 7 août : revenez le 1er octobre. »

Taylor revint le 1er octobre.

Hugo prit un manuscrit, et le lui donna.

C'était *Hernani.*

Hugo avait commencé ce second ouvrage le 17
septembre et l'avait fini le 25 du même mois.

Il avait mis à l'exécuter trois jours de moins que
pour *Marion Delorme.*

Hâtons-nous de dire que, d'avance, les plans de
ces deux pièces étaient faits dans la tête du poète.

es mir leid, dass dem nicht so ist! – hätte ich gesagt: «Die beiden größten Dichter Frankreichs; die beiden größten Dichter der Welt!»

Als Hugo von Saint-Cloud zurückkehrte, erwartete ihn Taylor zu Hause.

«Wir haben mit *Marion Delorme* für die Wintersaison gerechnet», sagte er; «der Winter wird eine Pleite!»

Hugo ließ ihn jammern.

«Und wann hofften Sie, *Marion Delorme* aufzuführen?» fragte er.

«Na ja, im Januar oder Februar.»

«Ach so! Dann haben wir noch Spielraum ... Also gut ...»
Er rechnete.

«Heute haben wir den 7. August: kommen Sie am 1. Oktober wieder.»

Taylor erschien erneut am 1. Oktober.

Hugo nahm ein Manuskript und überreichte es ihm.

Es war *Hernani*.

Am 17. September hatte Hugo dieses zweite Stück in Angriff genommen und am 25. desselben Monats beendet.

Für die Fertigstellung hatte er drei Tage weniger benötigt als für *Marion Delorme*.

Dazu ist zu sagen, dass die Entwürfe für diese beiden Stücke schon vorher im Kopf des Dichters vorhanden waren.

Gustave Flaubert
par Maxime Du Camp

Je vis entrer un grand garçon une longue barbe blonde et le chapeau sur l'oreille. Ernest Le Marié me dit : « Je te présente un de mes amis d'enfance, un de mes camarades de collège : c'est le vieux seigneur ! de son vrai nom, il s'appelle Gustave Flaubert. »

Né à Rouen, le 12 décembre 1821, Gustave Flaubert avait alors vingt et un ans. Il était d'une beauté héroïque. Ceux qui ne l'ont connu que dans ses dernières années, alourdi, chauve, grisonnant, la paupière pesante et le teint couperosé, ne peuvent se figurer ce qu'il était au moment où nous allons nous river l'un à l'autre par une indestructible amitié. Avec sa peau blanche légèrement rosée sur les joues, ses longs cheveux fins et flottants, sa haute stature large des épaules, sa barbe abondante et d'un blond doré, ses yeux énormes, couleur vert de mer, abrités sous des sourcils noirs, avec sa voix retentissante comme un son de trompette, ses gestes excessifs et son rire éclatant, il ressemblait aux jeunes chefs gaulois qui luttèrent contre les armées romaines. Je m'imagine qu'ils étaient comme lui, impétueux, impatients, dominateurs, et charmants néanmoins, car leur violence apparente n'était que l'emploi de forces que la nature leur avait départies. Gustave était un géant ; issu de Normande et de Champenois, il avait dans les veines, par un de ses ascendants qui avait vécu au Canada, quelques gouttes de sang iroquois dont il se montrait fier.

Il était à Paris pour faire son droit ; il n'y avait nulle vocation et obéissait à la volonté de son père. Il suivait

Gustave Flaubert
von Maxime du Camp

Ich sah einen großen Jungen eintreten, mit langem blonden Bart, den Hut halb über dem Ohr. Ernest Le Marié sagte zu mir: «Ich stelle dir einen meiner Jugendfreunde vor, einen Schulkameraden; er ist unser ‹Alter Seigneur›! mit bürgerlichem Namen heißt er Gustave Flaubert.»

Gustave Flaubert, am 12. Dezember 1821 in Rouen geboren, war damals einundzwanzig Jahre alt. Er besaß die Schönheit eines Helden. Wer ihn nur in seinen letzten Lebensjahren kannte, schwerfällig, kahl, ergraut, mit müden Augenlidern und rotgeäderter Haut, kann sich nicht vorstellen, wie er zu der Zeit war, als wir uns in einer unerschütterlichen Freundschaft verbanden. Mit seiner hellen, an den Wangen leicht geröteten Haut, seinen feinen, langen, wehenden Haaren, mit seiner großen breitschultrigen Gestalt, seinem üppigen goldblonden Bart, seinen großen meergrünen Augen, geschützt durch dunkle Brauen, mit seiner sonoren Stimme wie Trompetenklang, seinen lebhaften Gesten und seinem schallenden Lachen glich er den jungen Anführern der Gallier, die gegen die römischen Armeen kämpften. Ich stelle sie mir wie ihn vor: ungestüm, ungeduldig, herrschsüchtig und doch bezaubernd, denn was wie Gewalttätigkeit aussah, war nur das Zeigen der Kräfte, die ihnen die Natur verliehen hatte. Gustave war ein Hüne; mütterlicherseits stammte er aus der Normandie, väterlicherseits aus der Champagne, und durch einen in Kanada ansässigen Vorfahren hatte er einige Tropfen irokesisches Blut in seinen Adern, worauf er stolz war.

Er war zum Jurastudium in Paris; dazu fühlte er sich in keiner Weise berufen, hatte sich aber dem Willen seines Va-

régulièrement les cours de l'école, poussait l'abnégation jusqu'à prendre des notes et s'indignait du mauvais français que parlaient ses professeurs. Sur les gradins où s'entassaient les étudiants, son costume l'avait fait remarquer. En effet, fût-ce à huit heures du matin, il ne sortait jamais qu'en vêtements noirs, en cravate blanche et en gants blancs. Il lui fallut l'expérience de la vie de Paris et la persistance de nos railleries pour l'amener à modifier ce costume, qui le faisait ressembler à un garçon de noces.

Il était installé à Paris rue de l'Est, dans un petit appartement lumineux qui découvrait la pépinière du Luxembourg. J'en connus bientôt le chemin, car entre Flaubert et moi l'amitié ne fut pas lente à naître; au bout d'une heure nous nous étions tutoyés et il était rare qu'un jour se passât sans nous réunir. Je l'admirais beaucoup; son développement intellectuel était extraordinaire; sa mémoire était prodigieuse, et, comme il avait beaucoup lu, il représentait une sorte de dictionnaire vivant que l'on avait plaisir à feuilleter. A cette heure de son existence, le *Quo non ascendam?* de Fouquet semblait fait pour lui.

Sa santé, que rien n'avait altérée, lui permettait de supporter impunément la fatigue; il avait beau passer les nuits à travailler son droit, auquel il ne comprenait rien, courir tout le jour, dîner en ville, aller au spectacle, il n'en restait pas moins alerte dans sa pesanteur native, mêlant le plaisir et l'étude, jetant l'argent par les fenêtres, criant misère, dépensant un jour cinquante francs à son dîner, vivant le lendemain d'un chiffon de pain et d'une tablette de chocolat, psalmodiant la prose, hurlant les vers, s'engouant d'un mot qu'il répétait à satiété, emplissant tout de son bruit, dédaignant les femmes que sa beauté atti-

ters gebeugt. Er besuchte regelmäßig die Vorlesungen und verleugnete sich dabei so weit, dass er sogar eifrig mitschrieb, wobei er sich über das schlechte Französisch der Professoren entrüstete. In den Reihen des Hörsaals, wo die Studenten sich drängten, fiel er durch seine Kleidung auf. Tatsächlich ging er, selbst morgens um acht Uhr, immer nur im schwarzen Anzug mit weißer Krawatte und weißen Handschuhen aus. Erst die Gewöhnung an das Pariser Leben und unsere unablässigen Hänseleien brachten ihn dazu, diese Kleidung zu ändern, mit der er wirkte wie ein Jüngling aus dem Brautgefolge.

In Paris bewohnte er eine kleine helle Wohnung in der Rue de l'Est, von der man auf die Baumschule des Jardin du Luxembourg blickte. Der Weg war mir bald vertraut, denn zwischen Flaubert und mir keimte rasch eine Freundschaft auf; nach einer Stunde duzten wir uns bereits, und selten verging ein Tag, ohne dass wir uns sahen. Ich bewunderte ihn sehr; seine geistige Entfaltung war ungewöhnlich; sein Gedächtnis war phänomenal, und da er viel gelesen hatte, stellte er ein wandelndes Lexikon dar, in dem man gern blätterte. Zu seiner damaligen Lebensphase schien das Wort von Fouquet *Welcher Weg sollte mir zu steil sein* wie geschaffen.

Seine durch nichts beeinträchtigte Gesundheit erlaubte ihm, ungestraft Müdigkeit zu überspielen; ganz gleich, ob er nächtelang über Jura-Büchern saß und nichts davon kapierte, ob er den ganzen Tag herumlief, abends ausging, ins Theater ging, er war davon nicht weniger munter in seiner angeborenen Schwerfälligkeit, verquickte Vergnügen und Studium, warf das Geld zum Fenster hinaus, mimte den Notleidenden, gab einen Tag fünfzig Francs fürs Abendessen aus, lebte am darauf folgenden von einem Brocken Brot und einer Tafel Schokolade, deklamierte Prosatexte, posaune Verse heraus, berauschte sich an einem Wort so, dass er es bis zum Überdruss wiederholte, erfüllte alles mit seinem Getöse, verschmähte die von seiner

rait, venant me réveiller à trois heures du matin pour aller voir un effet de clair de lune sur la Seine, se désespérant de ne pas trouver de bon fromage de Pont-l'Evêque à Paris, inventant des sauces pour accommoder la barbue et voulant souffleter Gustave Planche qui avait mal parlé de Victor Hugo.

Au mois de janvier 1844, Gustave cessa tout à coup de m'écrire ; plusieurs fois je lui avais proposé d'aller vers lui, il avait ajourné ma visite. Je ne savais que conclure de son silence, lorsque je reçus une lettre de Mme Flaubert, qui me disait que son fils était blessé à la main et que je lui ferais plaisir en venant le voir. Je passai près de lui le mois de février. Il habitait alors, rue Lecat, avec sa famille, un pavillon avec jardin, dépendant de l'Hôtel-Dieu de Rouen. Le logement était triste, mal distribué : on y était les uns sur les autres. Je trouvai Gustave fort dolent, le bras en écharpe par suite d'un brûlure grave à la main droite, dont il portera la cicatrice toute sa vie. Autour de lui on était assombri, sur le qui-vive, et on le laissait seul le moins possible. Sa famille se composait alors de son frère Achille, chirurgien-adjoint à l'Hôtel-Dieu, de sa sœur Caroline, une des plus exquises beautés que j'aie aperçues et qui devait mourir deux ans plus tard, de sa mère, cachant sous une apparence un peu froide un incomparable amour maternel, et enfin de son père – le père Flaubert, comme on l'appelait –, chirurgien de grande race, auquel il n'a manqué, pour léguer un nom à la postérité, que le temps d'écrire les observations de sa longue pratique. La mort intervint au moment où il allait se mettre au travail.

Lorsque j'arrivai à Rouen, le père Flaubert était sous le poids d'une oppression morale dont les traces se li-

Schönheit angelockten Frauen, kam mich früh um drei Uhr aufwecken, um mit mir die Wirkung des Vollmondes über der Seine zu erleben, geriet in Verzweiflung, weil er in Paris keinen guten Pont-l'Evêque-Käse fand, kreierte Soßen passend zum Glattbutt und wollte Gustave Planche ohrfeigen, weil er sich abfällig über Victor Hugo geäußert hatte.

Im Januar 1844 hörte Gustave plötzlich auf, mir zu schreiben; mehrfach hatte ich vorgeschlagen, ihn aufzusuchen, aber er verschob den Besuch. Ich wusste nicht, wie ich das Stillschweigen deuten sollte. Da erhielt ich einen Brief von Madame Flaubert, die mir mitteilte, ihr Sohn sei an der Hand verletzt, und es wäre eine Freude für ihn, wenn ich ihn besuchte. Im Februar ging ich zu ihm. Er bewohnte damals in der Rue Lecat mit seiner Familie zusammen ein Häuschen mit Garten neben dem Hôtel-Dieu in Rouen. Die Wohnung war düster, schlecht aufgeteilt: alle lebten eng aufeinander. Ich fand Gustave sehr leidend, den Arm in der Schlinge infolge einer schweren Verbrennung an der rechten Hand, wovon er lebenslang Narben tragen sollte. Um ihn herum herrschte eine ziemlich gedrückte Stimmung, man passte auf und ließ ihn möglichst wenig allein. Seine Familie bestand damals aus seinem Bruder Achille, Assistenzarzt am Hôtel-Dieu-Krankenhaus, aus seiner Schwester Caroline, einer der auserlesensten Schönheiten, die ich je gesehen habe und die schon zwei Jahre später sterben musste, aus seiner Mutter, die hinter einer etwas kühlen Erscheinung unvergleichliche Mutterliebe verbarg, und schließlich aus seinem Vater – Vater Flaubert, wie man ihn nannte – eine chirurgische Kapazität, dem nur die Zeit fehlte, die Beobachtungen seiner langen Berufserfahrung aufzuschreiben, um seinen Namen der Nachwelt zu erhalten. Der Tod trat in dem Moment ein, als er die Aufzeichnungen beginnen wollte.

Als ich in Rouen ankam, lastete auf Vater Flaubert eine seelische Bedrückung, die Spuren in seinem Gesicht hinterlassen

saient sur son visage. Il y avait en lui de l'humiliation, du désespoir et une sorte de résignation en présence d'une force majeure qu'il ne pouvait maîtriser. Sa science restait paralysée et son amour paternel souffrait de l'impuissance de l'art. Le mal sacré, la grande névrose, celle que Paracelse a appelée le tremblement de terre de l'homme, avait frappé Gustave et l'avait terrassé. Ce pauvre géant supportait ce désastre avec quelque philosophie. Il s'essayait à rire, à faire des plaisanteries, à rassurer ceux qui l'entouraient; mais il oubliait son rôle, il laissait retomber sa tête et il n'était point difficile de comprendre de quelles pensées il était obsédé. Rien jamais n'avait fait prévoir ce désastre. A son enfance atteinte de lymphatisme avaient succédé une adolescence et une jeunesse exemptes de maladie; il avait une force qui ne laissait place à aucune préoccupation. Le mal avait été foudroyant.

Bien souvent, impuissant et consterné, j'ai assisté à ces crises, qui étaient formidables. Elles se produisaient de la même façon et étaient précédées des mêmes phénomènes. Tout à coup, sans motifs appréciables, Gustave levait la tête et devenait très pâle; il avait senti l'aura, ce souffle mystérieux qui passe sur la face comme le vol d'un esprit, son regard était plein d'angoisse et il levait les épaules avec un geste de découragement navrant; il disait : « J'ai une flamme dans l'œil gauche »; puis, quelque secondes après : « J'ai une flamme dans l'œil droit; tout me semble couleur d'or. » Cet état singulier se prolongeait quelquefois pendant plusieurs minutes. A ce moment, cela était visible, il comptait encore en être quitte pour une alerte; puis son visage pâlissait encore plus et prenait une expression désespérée; rapidement il marchait, il courait vers son lit, s'y étendait, morne, sinistre, comme il se serait couché tout vivant dans un cercueil; puis il s'écriait : « Je tiens les guides, voici le roulier, j'entends les grelots.

hatte. Er war erfüllt von Demütigung, Hoffnungslosigkeit und einer Art Niedergeschlagenheit angesichts einer höheren Gewalt, gegen die er nicht ankam. Sein ärztliches Wissen war wie gelähmt, und als liebender Vater litt er unter seiner Machtlosigkeit. Das verfluchte Übel, die tiefe Neurose, die Paracelsus als Erdbeben des Menschen bezeichnete, hatte Gustave heimgesucht und niedergeschmettert. Der bedauernswerte Hüne versuchte dieses Unglück mit Gelassenheit hinzunehmen. Er bemühte sich zu lachen, Scherze zu machen und seine Umgebung zu beruhigen; aber er vergaß seine Rolle, ließ den Kopf hängen, und da konnte man unschwer erraten, welche Gedanken ihn quälten. Nichts hatte ihn je dieses Unglück vorausahnen lassen. Nach seiner von Apathie geprägten Kindheit war er ohne Krankheit zum Jugendlichen herangewachsen; er hatte eine Lebenskraft, die zu keinerlei Besorgnis Anlass gab. Das Leiden hatte ihn wie ein Blitz getroffen.

Sehr oft erlebte ich machtlos und bestürzt diese ungeheuerlichen Anfälle. Sie liefen immer gleich ab und kündigten sich durch die gleichen Anzeichen an. Ohne sichtbaren Grund hob Gustave plötzlich den Kopf und wurde sehr blass; er hatte ein Vorgefühl, spürte diesen geheimnisvollen Hauch, der übers Gesicht strich, wie der Flügelschlag eines Geistes, sein Blick war angsterfüllt, mit einer hoffnungslosen Bewegung hob er die Schultern und sagte: «Ich habe Blitze im linken Auge»; einige Sekunden später folgte: «Ich habe Blitze im rechten Auge; alles glänzt golden.» Dieser merkwürdige Zustand hielt manchmal minutenlang an. Zu diesem Zeitpunkt, das war ersichtlich, glaubte er noch, es gehe vorüber und sei nur ein Warnzeichen; dann wurde sein Gesicht noch blasser und bekam einen verzweifelten Ausdruck; rasch ging, ja rannte er zu seinem Bett, legte sich hin, tief traurig, verdüstert, als würde er sich lebend in einen Sarg verkriechen; dann schrie er: «Ich halte die Zügel, da ist der Fuhrmann, ich höre die Glöckchen; jetzt sehe ich die Laterne an der Her-

Ah ! je vois la lanterne de l'auberge. » Alors il poussait une plainte dont l'accent déchirant vibre encore dans mon oreille, et la convulsion se soulevait.

A ce paroxysme où tout l'être entrait en trépidation, succédaient invariablement un sommeil profond et une courbature qui durait pendant plusieurs jours. Cela explique bien des excentricités que l'on a souvent reprochées à Flaubert ; jamais il ne sortait qu'en voiture et toute promenade à pied lui était antipathique ; il avait établi en principe que « la marche est délétère », c'était son expression, et il lui est arrivé de passer plusieurs mois à la campagne sans descendre une seule fois dans son jardin. Il ne se sentait en sécurité que dans les appartements.

Cette maladie a brisé sa vie ; elle l'a rendu solitaire et sauvage ; il n'en parlait pas volontiers, mais cependant il en parlait sans réserve lorsqu'il se trouvait en confiance. Jamais je ne lui ai entendu prononcer le vrai nom de son mal ; il disait : « Mes attaques des nerfs », et c'était tout.

C'est de ce moment que date l'inconcevable difficulté qu'il éprouvait à travailler, difficulté qu'il sembla s'étudier à accroître et dont il avait fini par tirer vanité. Il aimait à montrer ces pages couvertes de ratures, où parfois il avait grand-peine à se reconnaître. Cela tient à ce que ses conceptions étaient confuses et qu'il n'arrivait à les clarifier que par l'exécution, pareil à ces peintures si nombreux qui, sachant imparfaitement le dessin, ne parviennent à forme qu'à force de « patocher » la couleur. Bien souvent Flaubert m'a écrit : « Je n'en puis plus de lassitude ; j'ai écrit vingt pages ce mois-ci, ce qui est énorme pour moi, et j'en suis harassé. » Il ne

berge.» Dann stieß er einen Klagelaut aus, dessen schriller Ton noch heute in meinem Ohr nachklingt, und Krämpfe schüttelten ihn.

Auf diesen Höhepunkt der Krise, bei dem der ganze Körper von Zuckungen erfasst wurde, folgten immer ein Tiefschlaf und Muskelschmerzen, die mehrere Tage anhielten. Dies erklärt so manche Überspanntheit, die man Flaubert so oft vorwarf. Wenn er ausging, so immer nur im Wagen, jeglicher Spaziergang war ihm zuwider; er hatte zum Grundsatz erklärt «Zufußgehen ist schädlich», so seine Worte; und es konnte geschehen, dass er mehrere Monate auf dem Land verbrachte, ohne ein einziges Mal in den Garten zu gehen. Nur in Wohnräumen fühlte er sich geborgen.

Diese Krankheit hat sein Leben zerstört; sie hat ihn einsam und menschenscheu gemacht; er sprach nicht gern darüber, äußerte sich aber vorbehaltlos, wenn er von Vertrauten umgeben war. Nie hörte ich aus seinem Munde die wahre Bezeichnung seines Leidens; er sagte: «Meine Nervenanfälle», das war alles.

Auf diese Lebensphase ist die unvorstellbare Schwierigkeit zurückzuführen, die er beim Arbeiten verspürte, eine Schwierigkeit, deren Zunahme er genau beobachtete und schließlich als Eitelkeit pflegte. Er zeigte gern die Seiten voller Streichungen, wo er selbst sich manchmal nur noch mit großer Mühe zurechtfand. Das liegt daran, dass seine Entwürfe konfus waren und es ihm erst in der Ausformulierung gelang, Klarheit zu schaffen, ähnlich wie viele Maler, die die Zeichnung unvollkommen vor Augen haben und zur wahren Form erst finden, wenn sie den Pinsel schwingen und Farbe «aufklecksen». Flaubert schrieb mir oft: «Ich kann nicht mehr vor Müdigkeit; diesen Monat habe ich zwanzig Seiten geschrieben, was für meine Verhältnisse sehr viel ist, und das macht mich tot-

mentait pas; mais ces vingt pages en représentaient cent cinquante toujours refaites, toujours remaniées, et qui peut-être reproduisaient à la fin le travail accompli dès le début. Il était un peu comme Pénélope, il tissait incessamment la même toile, détruisant le lendemain l'œuvre de la vielle pour la recommencer encore. Plus il avança dans la vie, plus cette difficulté s'accentua; il avait écrit *Novembre* en deux mois, il employa cinq années à écrire son roman de *Bouvard et Pécuchet*, qu'il laissa inachevé et qui n'est guère plus long. Il gémissait, se démenait en travaillant; il faisait: han! comme les pétrisseurs qui battent la pâte; c'etait plutôt un manœuvre ruisselant sous la besogne qu'un écrivain maniant la plume. Sa lassitude parfois était telle après une phrase enfin extraite de la gangue, qu'il se sentait courbatu, se jetant sur son canapé et s'endormait vaincu par la fatigue.

müde.» Er übertrieb nicht; aber diesen zwanzig Seiten entsprachen einhundertfünfzig immer wieder neu geschriebene, ständig abgeänderte Seiten, die am Schluss womöglich auf das hinausliefen, was er ganz zu Anfang formuliert hatte. Er war ein wenig wie Penelope: er webte unentwegt den gleichen Stoff, indem er am folgenden Tag das Werk von gestern zerstörte, um wieder von vorn zu beginnen. Je älter er wurde, desto ausgeprägter wurde diese Schwierigkeit; er hatte *November* in zwei Monaten verfasst, er brauchte fünf Jahre, um seinen Roman *Bouvard und Pécuchet* zu schreiben, der unvollendet blieb und doch kaum umfangreicher war. Beim Arbeiten stöhnte und schnaufte er, verlor schier den Verstand; er stieß Laute aus wie die Bäcker beim Teigkneten; er glich eher einem Schwerarbeiter, der unter seiner Mühsal schwitzt, als einem Schriftsteller mit Papier und Feder. Hatte er endlich einen Satz aus dem Gestein herausgebrochen, dann übermannte ihn Müdigkeit so sehr, dass er wie gerädert auf sein Sofa sank und erschöpft von der Anstrengung einschlief.

Nachbemerkung

Gens de lettres: der Plural von «Homme de lettres», der die Frauen nicht ausschließt (selbst die Académie Française hat zwei Jahrzehnte vor Ende des 20. Jahrhunderts erstmals eine Frau aufgenommen). In diesem Buch geht es um Literatur – Dichter, Schriftsteller, Vermittler – beiderlei Geschlechts, und sie treten als Portraitisten und als Portraitierte auf. Zehn Texte enthält dieses Bändchen (außer einem hors d'œuvre), aber nur achtzehn Personen treten auf: das zeigt schon, dass es Überschneidungen gibt. Im Vordergrund soll ein Bild oder eine Szenerie stehen, ein Stück Leben also; für lexikalisches Faktenwissen sei auf Literaturgeschichten und Nachschlagewerke verwiesen. Als «Erste Hilfe» werden im folgenden die notwendigsten Lebensdaten gegeben.

François de La Rochefoucauld (Paris 1613–1680 Paris) ist gleich der erste Fall von Überschneidung: 45jährig portraitiert sich der Autor selbst – und das mit einem selbstironischen Understatement, das zusätzlich für ihn einnimmt, wenn man bedenkt, was für ein politisch eigenständiger und mutiger Kämpfer der Herzog war, der sich mit seinen «Maximes» einen Platz unter den französischen Moralisten sicherte.

Molière (eigentlich Jean-Baptiste Poquelin, Paris 1622–1673 Paris), der Archetypen des Theaters geschaffen hat, die weit über seine Zeit hinaus Gültigkeit behalten haben, wird portraitiert von Charles Perrault (Paris 1628–1703 Paris) dem Autor von Märchen und dem Wortführer der Modernen im «Streit der Alten gegen die Modernen».

Das Portrait des großen unabhängigen Denkers Voltaire (eigentlich François-Marie Arouet, Paris 1694–1778 Paris), der vielfach politisch aneckte und doch letzten Endes Anerkennung und Wohlstand – im Quasi-Exil in Ferney nahe bei Genf – fand, stammt aus der Feder von Victor Hugo, der ein Jahrhundert später lebte (Hugo selbst wird als Vorletzter in diesem Buch von Alexandre Dumas portraitiert) und dessen kritischer Beurteilung man heute wohl nicht mehr so zustimmen wird.

Jean-Jacques Rousseau (Genf 1712–1778 Ermenonville bei Paris), Autor so bedeutender Bücher wie *Emile, Julie ou La nouvelle Héloïse* und *Le contrat social* ist in mancher Hinsicht ein Gegenstück (und war ein Feind) von Voltaire, den er um 33 Tage überlebte. Jacques-Henri

BERNARDIN DE SAINT-PIERRE (Le Havre 1737–1814 Eragny-sur-Oise) gilt mit seiner streitbaren Art als ein zweiter Rousseau; sein begonnenes Rousseau-Portrait, aus dem hier zitiert wird, blieb unvollendet, nachdem ihm das postume Erscheinen der «Bekenntnisse» seines Freundes einen Strich durch die Rechnung gemacht hatte.

Auch die kuriose Nicht-Begegnung mit GERMAINE NECKER, BARONNE DE STAËL-HOLSTEIN (Paris 1766–1817 Paris), Autorin u. a. des großen literaturkritischen Werks *Über Deutschland* und nach der Verbannung durch Napoleon Gutsherrin auf Coppet bei Genf, wo sie dem Ferney-Modell Voltaires nacheiferte, stammt aus der Feder eines Jüngeren: ALPHONSE DE LAMARTINE (Mâcon 1790–1869 Paris), der wenig später mit seinem *Poetischen Meditationen* berühmt wurde.

Die andere Frau in diesem Buch – und damit ist die «Qoute» schon deutlich erhöht gegenüber ausnahmslos allen vergleichbaren Zusammenstellungen – ist JEANNE FRANÇOISE JULIE ADÉLAÏDE BERNARD, verheiratete RÉCAMIER (Lyon 1777–1849 Paris), enge Freundin von Madame de - Staël. In ihrem Salon verkehrten alle «gens de lettres» des Consulat (also der Jahre 1799–1804, in denen Napoleon Konsul war). Ihre Erinnerungen und Briefe, postum veröffentlicht, legen davon ein beredtes Zeugnis ab. Auch ihr Portraitist CHARLES AUGUSTIN SAINTE-BEUVE (Boulogne-sur-Mer 1804–1869 Paris) gehört zu den Leuten, die sich eher als Vermittler und Kommentatoren in den Rang eines Literaten geschrieben haben, und das mit Verve. Seine aphoristischen Bemerkungen über Kritik und Portrait stehen am Anfang der kleinen Sammlung.

STENDHAL (eigentlich Henri Beyle, Grenoble 1783–1842 Paris) war Italienreisender und -verehrer; sein Pseudonym wählte er nach der Geburtsstadt Winckelmanns. Das Spannungsverhältnis von Arm und Reich, von Provinz und Hauptstadt, von Klerus und Napoleonverehrung prägt auch die Problemstellung des Helden in seinem Roman *Rot und Schwarz*. Sein jüngerer Freund PROSPER MÉRIMÉE (Paris 1803–1870 Cannes), ein begnadeter Erzähler, erhielt leider nie die Anerkennung, die er eigentlich verdient.

HONORÉ DE BALZAC (Tours 1799–1850 Paris) ist wohl der fleißigste Schriftsteller unter den ganz großen französischen Erzählern; allein unter seinem wirklichen Namen hat er über neunzig Romane veröffentlicht, die er unter dem Titel *Menschliche Komödie* zusammenfasst. THÉOPHILE GAUTIER (Tarbes 1811–1872 Neuilly-sur-Seine) gehört zu den frühen

Freunden Victor Hugos, war Künstler und Kunstfreund, Autor von Gedichten und phantastischen Erzählungen.

VICTOR HUGO (Besançon 802–1885 paris), in diesem Buch auch Portraitist Voltaires, gehört schon allein mit dem *Glöckner von Notre-Dame* zu den ganz großen Romanciers des 19. Jahrhunderts. Ihn portraitiert ein Angehöriger desselben Geburtsjahrgangs, der – so verschieden die beiden sind – diesen Rang mit gleichem Recht beanspruchen kann: ALEXANDRE DUMAS (Villers-Cotterêts 1802–1870 Puys, Seine-Maritime), anfangs Hugos Konkurrent, und zu Lebzeiten viel weniger erfolgreich als er, Autor der *Drei Musketiere* und vieler anderer historischer Romane.

GUSTAVE FLAUBERT (Rouen 1821–1880 Croisset) gehört zu den skrupulösesten Wenig-Schreibern. *Madame Bovary* ist sein berühmtester Roman, als Meisterwerke verdichteter Erzählkunst gelten seine *Drei Erzählungen*. MAXIME DU CAMP (Paris 1822–1894 Baden-Baden) ist Autor einer heute vergessenen sechsbändigen Paris-Monographie; bekannt geblieben ist er durch seine *Souvenirs littéraires,* in denen er u. a. Zeugnis ablegt von seiner engen Freundschaft zu Flaubert.

Herausgeberin und Verlag danken den Editions Belles Lettres in Paris für ihre kollegiale Erlaubnis, den größeren Teil der hier abgedruckten Texte aus dem 1995 bei ihnen erschienenen Buch *Les écrivains français par les écrivains qui les ont connus,* herausgegeben von Charles Dantzig, zu zitieren. Das Buch enthält 38 solche Portraits durch alle Jahrhunderte und sei jedem empfohlen, der auf den Geschmack dieses Genres gekommen ist und sich auch einsprachig französische Lektüre zutraut.